侨界杰出人物故事丛书

张振勋的故事

周怡敏 余海源◎著

中国华侨出版社

·北京·

图书在版编目（CIP）数据

张振勋的故事 / 周怡敏，余海源著. — 北京：中国华侨出版社，2022. 3
ISBN 978-7-5113-8651-9

Ⅰ.①张… Ⅱ.①周… Ⅲ.①张振勋（1840–1916）—生平事迹
Ⅳ.①K828.8

中国版本图书馆CIP数据核字（2021）第 203107 号

张振勋的故事

著　　者：周怡敏　余海源
责任编辑：高文喆　桑梦娟
封面设计：何洁薇
经　　销：新华书店
开　　本：710毫米×1000毫米　　1/16　　印张：19.75　　字数：256 千字
印　　刷：三河市华东印刷有限公司
版　　次：2022 年 3 月第 1 版
印　　次：2023 年 7 月第 2 次印刷
书　　号：ISBN 978-7-5113-8651-9
定　　价：68.00元

中国华侨出版社　　北京市朝阳区西坝河东里77号楼底商5号　　邮编：100028
发 行 部：（010）64443051　　传　真：（010）64439708
网　　址：www.oveaschin.com　　E-mail：oveaschin@sina.com

如发现印装质量问题，影响阅读，请与印刷厂联系调换。

前　言

大埔县桃源镇新东村张氏崇先祠堂，保存着清朝光绪皇帝于光绪三十年（1904年）赐封侨领、商务大臣、金奖白兰地创始人张振勋官衔的两块牌匾。牌匾为木制，各长二市尺（67厘米），宽一市尺（33.5厘米），红底金字。匾额各写上"钦命太仆寺卿。光绪三十年冬月吉旦。臣张振勋恭立""特赏侍郎衔。光绪三十年冬月吉旦。臣张振勋恭立"的字样。张振勋，究竟是什么人物，能够有如此的待遇？

张振勋（1841—1916），字弼士，号肇燮。出生于广东省潮州府大埔县（今属梅州市）黄堂乡车轮坪村（今西河镇车龙村）。他从颠沛异乡的穷小子，到富可敌国的商业大亨，再到晚清的"红顶商人"，成为近代中国"实业兴邦"的先驱。他是华侨实业家、外交家、教育家、爱国侨领，他的一生，波澜壮阔，充满传奇。

目　录

第一章

生平介绍

1　时代背景 / 3

2　名号字印 / 4

3　出生时间 / 6

4　客家思想 / 7

5　家乡大埔 / 10

6　原生家庭 / 14

第二章

年少经历

1　家贫辍学 / 19

2　放牛为生 / 20

3　学艺编竹 / 22

4　父母之命 / 23

5　惨遭灾荒 / 24

第三章

初出南洋

1　外出谋生 / 29

2　纸行工作 / 31

3　继承纸行 / 32

第四章
创业致富

1 转营酒行 / 37

2 酒税致富 / 39

3 开拓垦殖 / 40

4 创办银行 / 44

5 竞争航运 / 45

6 扩展矿业 / 47

7 批发药材 / 48

8 发展地产 / 49

9 富可敌国 / 50

第五章
合作挚友

1 张榕轩 / 53

2 张耀轩 / 56

第六章
为官参政

1 才可大用 / 61

2 升任领事 / 65

3 清朝要职 / 68

4 顺应潮流 / 75

5 出访美国 / 76

第七章
爱国侨领

1 侨务先驱 / 89

2 华侨总会 / 92

3 封大伯公 / 95

4 华人学校 / 97

第八章

创办张裕

1 做酒动机 / 103

2 考察烟台 / 105

3 创办酒厂 / 107

4 重视原料 / 111

5 修建酒窖 / 113

6 五易酒师 / 116

7 酒香扑鼻 / 121

8 苦心经营 / 123

9 名留史册 / 126

10 硕果仅存 / 129

第九章

实业救国

1 内忧外患 / 133

2 以商带工 / 134

3 新式银行 / 136

4 各行各业 / 143

5 重视农业 / 148

第十章

修筑铁路

1 芦汉铁路 / 155

2 粤汉铁路 / 160

3 广厦铁路 / 169

4 广澳铁路 / 175

第十一章

爱国之心

1 不做洋官 / 181

2 民族气节 / 182

3 支援祖国 / 184

4 支持革命 / 185

5 教育基金 / 186

6 张弼士堂 / 188

第十二章

溘然长逝

1 突发病逝 / 193

2 各界凭吊 / 194

第十三章

故居遗物

1 海外故居 / 207

2 梅州故居 / 208

3 遗物捐赠 / 212

第十四章
遗留文

1　张振勋拟呈银行条议 / 217

2　张振勋致盛宣怀函（一）/ 220

3　再察张振勋致美德伦函 / 221

4　张振勋致盛宣怀函（二）/ 222

5　中国通商银行大概章程 / 224

6　张振勋侍郎奏陈振兴商务条议 / 229

7　招商兴垦山利议 / 231

8　兴垦山利种植议 / 233

9　兴垦山利矿务议 / 236

10　招商兴办水利议 / 238

11　已垦未垦均宜筹办水利议 / 240

12　招商设立贷耕公司议 / 242

13　招商兴办工艺雇募工役议 / 244

14　招商兴办铁轨支路议 / 246

15　招徕外埠商民议 / 248

16　权度量衡圜法宜归划一议 / 250

17　增设各省商官议 / 253

18　张振勋招徕华商振兴商务奏折 / 256

19　张振勋设立督办闽广农工路矿事宜总
公司接待所布告 / 258

20　张振勋筹建广厦铁路奏折 / 259

21 创办张裕酒有限公司缘起 / 260

22 奉旨创办酿酒公司记 / 263

23 棉业丛书汇译新编序 / 268

24 试办中美轮船股份有限公司招股
简章 / 270

25 张振勋、向淑予向全国商会联合会临时
大会关于中美银行招股等项提案 / 273

附 录

1 张振勋国内主要实业名录 / 277

2 张振勋南洋主要实业名录 / 278

3 张振勋大事年表 / 279

参考文献 / 301

第一章

生平介绍

1
时代背景

　　张振勋生于鸦片战争后的第二年（1841年），中国签订《南京条约》开始沦为半殖民地半封建社会的前一年。1916年，张振勋离开这个世界时，一个新的国家政体——采用西式政体共和体制的民国政府已建立多年。在他去世的前一年（1915年），拉开新文化运动序幕的《青年杂志》已在上海由五四先驱陈独秀创办。张振勋所处的19世纪中叶至20世纪初，是中国最后一个封建王朝在内忧外患的交困中走向解体，亦是一个试图借鉴西方现代民族国家制度建构自己新的政权主体在中国从思想传播到尝试实践的年代。

2
名号字印

在现有的研究中，张振勋的名号还没有一个较为统一的论定。结合史料，张振勋是其在官方场合使用的名字，其原名应为肇燮。张家有兄弟四人，分别为肇祥、肇鹏、肇燮、肇睿，他排行第三。

张振勋旧友郑观应在《张弼士君生平事略》一文中写到："君号弼士，有号肇燮、印振勋。"李松庵则认为："张弼士号肇燮，在海外发迹后才用振勋别字。"《大总统特颁前参政院参政张振勋碑文》记："君讳振勋，字弼士。"光绪十五年（1889年），两江总督曾国荃赠匾额给南洋商埠时，也称其为肇燮。徐松荣在《张弼士》一书中称："张弼士，原名肇燮，乡人称兆燮，别名振勋，字弼士。"徐松荣在《张弼士》一书、陈丹心在《张弼士：清末民初的华侨领袖》一文中均认为"弼士"一名是张振勋在进入私塾后，其父张兰轩所取。魏明枢则认为，张振勋应该是其官名。

目前，在学界，人们大多用张弼士的称呼。诸如当前学界引用率较高的作品，如郑观应《张弼士君生平事略》、张志发《华侨实业家张弼士生平与思想研究》、李松庵《华侨实业家张弼士史料》等均用张弼士的称呼。张振勋的出生地梅州市大埔县，也大多用张弼士的称呼。其中，民国时期温廷敬等编修的《大埔县志》记载道："烟台，北方一良港也……清光绪年间，张弼士投资五百万创设张裕酿酒公司于此，购置、种植葡萄。"1989

年梅州地方志办公室主编的《梅州人物传》对于张振勋的记载也称为张弼士。当地人也习惯称其故居为张弼士故居。大埔县委、大埔县人民政府主编的《印象大埔》就提到了"张弼士故居——'光禄第'"。

3
出生时间

　　张振勋的出生时间目前也没有统一的论定。张志发在《华侨实业家张弼士生平与思想研究》一文中指出，对于张振勋的出生年月，各文章有1841年12月21日（道光二十一年十一月初九）、1841年和1840年三种说法。其中，1987年张河清于《纵横》发表的《张弼士与张裕酿酒公司》、1994年李松庵于《文史春秋》发表的《"金奖白兰地"创始人张弼士事略》等文章指出张振勋出生于1840年。1981年出版的《民国人物传》、1990年出版的《清代人物传稿》等均认为张振勋出生于1841年12月21日（道光二十一年十一月初九）。诸如王培主编的《晚清企业纪事》等著作和文章只提到出生于1841年，具体出生日期没有准确的表述。

　　张振勋逝世后，1916年11月1日香港《华字日报》载："查张君享寿七十有五岁……"据此推论张振勋出生年应为1841年。大总统黎元洪《大总统特颁前参政院参政张振勋碑文》记载道："五年四月，派往美国报聘充实业团团长，沿途考览，殚竭勤劳，由美回国后赴英荷，冒暑长征，竟被疾而卒八月十五日也，年七十有六。"文中提到的"五年四月"为民国五年，也就是1916年。由此，也可推算张振勋出生时间应为1841年。郑观应与张振勋素有交情，其文《张弼士君生平事略》中指出："君生于道光辛丑十一月初九申时。"道光辛丑年应为1841年。综上所述，张振勋应出生于1841年12月21日（道光二十一年十一月初九）。

4

客家思想

近年有研究者指出，"实业意识"是近现代"客商"区别于以"儒商"为本质的传统"客家商帮"之根本特征，亦为"客商"能在激烈动荡的中国近现代社会变革中得以延续并壮大的根本原因，认为近现代"客商"在开启当时中国粤东北落后山区的"近现代工业化历程"中做出了巨大贡献。①

张振勋早年文化思想倾向，相对而言受地域影响较大。客家文化、客家人生活方式、客家人思想观念等重要元素，是张振勋早年的重要文化思想取向，是张振勋思想和理想的源头，也是影响张振勋后来人生发展的重要因素。

根据客家学研究开创者和奠基人罗香林的研究，客家人具有"好动与野心"的特性，认为客家人："生性好动，男子从不肯安闲闲地在家乡住着，除非少数号称绅士的人们。普通男子，无论贫富贵贱，苟无家务拘束，大抵都欲及时外出，尝尝异地风光，或经营各业。幸而所营成就，更以外出为业。"张振勋作为客家男子，身上潜藏着外出经营的性格和野心。

大埔因地处沿海与内地之间，有韩江、汀江等大江大河连接沿海和内地市场。清代以来，大埔人充分利用这一地理优势，形成了"走川生"的经商习俗。正如嘉庆九年《大埔县志》所称："土田少，人竞经商。于吴、

---

① 闫恩虎:《客商概论》，文汇出版社，2009年，第138页。

于越、于荆、于闽、于豫章，各称赀本多寡，以争锱铢利益。至长治甲民名为贩川生者，则足迹几遍天下。"①民国时期的丘星五对此按语说："贩川生者，不独长治甲民，他甲亦多有。"②如湖寮吴禹石在民国初年编族谱所写序言也称族众"出外经商者日多，在家读书者日少"。③自清初以来，大埔人为了维持生计，很多人外出经商，充分利用县境外的社会资源来维持和发展家庭生活。康熙二十三年（1684年）台湾收复后，大量县民往台湾垦殖和经商。至雍乾年间成为社会风气，出现了张达京、刘元龙等大垦户，社会影响很大。

这种外出经商以谋生的传统和风气，对张振勋影响不小。郑观应所撰的《张弼士君生平事略》中就提到："一日闻太封翁讲授史公货殖传，即有感触，尝谓亲老家贫，允宜就商辍读。"④虽然，这次外出经商没有被允许，但为他后来下南洋及从事工商活动的奠定了职业基础。

大埔人除经商国内各地外，还有往南洋者。大埔地区侨居南洋者，影响较大的有乾隆十年（1745年）的张理和丘兆和。他们和福建永定县的马春福等，侨居于今天马来西亚的海珠屿。张理因教人伐木筑屋，开垦荒地，种植粮食，和当地人一起把海珠屿建设成为富庶的岛屿，被当地人尊称为"大伯公"。⑤随后下南洋者不断。在罗芳伯于乾隆三十七年（1772年）在印度尼西亚婆罗州建立兰芳公司时，在东万律的明黄等处，"开金湖者多大埔恭州人。有刘乾相者，同堂子弟，有五百余人，自立为大哥，当时

———————————

① 温廷敬、刘织超：《大埔县志》，上海书店出版社，1943年。
② 温廷敬、刘织超：《大埔县志》，上海书店出版社，1943年。
③ 大埔吴氏宗谱编委会：《大埔县湖寮吴氏宗谱》，大埔吴氏宗谱编委会，1995年。
④ 郑观应：《张弼士君生平事略》，载沈云龙：《近代中国史料丛刊》第75辑，文海出版社，1974年。
⑤ 邝国祥：《槟榔屿散记》，星洲世界书局有限公司，1958年。

最强盛者。由东万律下数里许，为山心。开金湖者是大埔县人，主其事者为张阿才"。[①] 距西河不远的百侯人肖贤舞，于道光年间率同乡来到新加坡，开辟荒岛，并于咸丰八年（1858 年）创立新加坡茶阳会馆，为乡人出洋和侨居提供了便利。[②]

张振勋对下南洋很感兴趣，对他们在南洋的情况多方打听，并时时做好准备，决心南下。"时乡人有在南洋起家者，君闻而慕之，趋谒咨询，遂决图南之志。"并许下豪言壮志："大丈夫不能以文学致身通显，扬名显亲，亦当破万里浪，建树遐方，创兴实业，为外国华侨生色，为祖国人种增辉，安能郁郁久居乡里耶？"[③] 这是他"下南洋"的现实基础。

张振勋下南洋后，无论是立足还是创业和发展；无论是经商还是从政，都充分利用了自身优势和客家传统社会与文化资源，从而减少了挫折，取得了巨大成功。

① 罗香林：《西婆罗洲罗芳伯等所建共和国考》，中国学社，1961 年，第 56 页。

② 田辛垦、张广哲：《客家名人：录张弼士》，广东人民出版社，1992 年，第 139 页。

③ 郑观应：《张弼士君生平事略》，载沈云龙：《近代中国史料丛刊》第 75 辑，文海出版社，1974 年。

5
家乡大埔

追根溯源，两晋至唐宋时期，因连年战乱饥荒，中原一带汉人被迫进行了五次南迁，流落南方各地，被当地人称为"客"。因为迁入较晚，客家人只能生活于环境相对较为恶劣的山区。久而久之，客家人也就逐渐形成自己的文化。这也是大埔县虽然隶属潮州府上千年，却有"大埔人不认潮"的说法的原因之一。

大埔县，嘉靖五年（1526 年）置县。关于"大埔"两字的来历，有着不同的说法。一说是因大埔村而得名。《清一统志·潮州府》载："大埔县，治大埔村，因以为名。"另一说是为纪念乡贤大布先生，而取其谐音为"大埔"。

大埔自建县以来，长期属潮州管辖。当地有句俗语"大埔无潮，澄海无客"，指的是在潮州所辖的各县中，大埔县没有讲潮州话的，澄海县没有讲客家话的。也就是说大埔县是纯客家人居住区。张振勋就出生于这个纯客家县中的张氏大家族中。

大埔县素有"饶半城、张半县"之说，指的是在老县城茶阳，饶姓人口最多，而在全县范围内，以张姓人口最多。张姓是全县的大姓，主要分布于茶阳、百侯、西河、三河、大麻、古野、高陂等地，而且派系很多。

西河黄堂车轮坪村张氏开基祖张月兴，约明初定居于此。据百侯南山《张氏族谱》记载，西河张氏开基太始祖三十郎公由福建宁化迁连城林坊乡张坊村，生子太三郎。太三郎于宋末由福建连城移居大埔之神泉，生子曰念三郎。念三郎，"于元仁宗延佑元年（1312年）十月初一日，自神泉大埔村徙溪南埔开基，为溪南埔、黄堂、南山等地张氏之始迁祖"。"配郑氏、曾氏、黄氏，生四子，分孝、悌、忠、信四房。孝房：长子三十三郎翰华公；悌房：次子三十四郎翰周公；忠房：三子三十五郎翰威公；信房：四子三十六郎翰清公。孝房传至四世月兴公，开基黄堂车轮坪。悌房、忠房仍在溪南埔，信房传至四世垂裕（又名侯山）公，明初至南山创拓基业，遂世居焉。"① 传至张兰轩，生肇祥、肇鸿、肇燮、肇洪四子。张振勋即肇燮，为张兰轩第三子，是张氏在黄塘开基后的第21世。

大埔距海洋不远，因而经常受台风影响，自然灾害相当频繁。据康熙《埔阳志》、乾隆《大埔县志》、同治《大埔县志》、民国《大埔县志》统计，康熙年间大埔有记录的灾害16次，平均每3.7年一次；雍正年间灾害6次，平均每2年1次；乾隆年间灾害18次，平均每3.5年一次；嘉庆年间5次；道光年间8次；光绪年间8次。每当发生灾难，便对当地居民脆弱的生活产生重大影响。

张振勋出生于道光二十一年（1841年），至他成年离开家乡去南洋期间，大埔县自然灾害接连不断，本就依靠务农为主的客家人受到了不同程度的冲击。据《大埔县志》记载，道光二十二年（1842年）至咸丰七年（1857年），大埔县就有多次自然灾害。"（道光）二十二年……七月初七晚，水灾，浸至圣殿后明伦堂墀下，退后初八复至，十二方退，衙内谯楼、监仓、民房倒塌十之六七。""（道光）二十三年癸卯七月十五，水灾，浸至大成门墀下，三河、大麻、高陂更甚。""咸丰三年癸丑六月二十日，水涨，至二十四五，较壬寅加数尺，浸至圣殿半龛，二十七日始退。

---

① 韩信夫：《张弼士研究专辑》，社会科学文献出版社，2009年。

开邑以来，无此水患。""（咸丰）六年……冬十二月，虫食麦，遍畦皆虫，苗殆尽。""（咸丰）七年丁巳正月，杪雨雹，是岁饥，斗米千钱，开仓平粜。"

大埔县为典型山区，境内多为丘陵山地，约占总面积的90%，海拔200米至1400米不等，故向有"山之山"之称。"耕稼之地，十仅一二。"① 适合耕作的田地相当少。但自清初以来，随着社会的稳定和经济文化的发展，人口发展相当快。至嘉庆七年（1802年）时，全县有人口10万余人。而当时全县耕地才9万余亩，且公尝等公用土地占了近一半，因此，人均耕地不足半亩，人地矛盾相当突出。

连年的自然灾害，再加上山多水少，地瘠田少，客家人古来就有"八山一水一分田"的说法。《光绪嘉应府志》中记载："嘉应峻岭巨嶂，四围阻隔。""土瘠民贫，农知务本，而合境所产谷，不敷一岁之食。"可见，在土地贫瘠，自然灾害频繁，生活资源有限的情况下，客家人的生活是相对困苦的。当时，由于生产力水平低下，粤东客家地区是生产和生活较为恶劣的地区之一，各种生产资料和生活资源相当匮乏，无法维持当地人正常的生活、生产需要。

为了取得生存所必需的粮食，维持生计，农民生产非常勤奋。"农亦最勤，岁两熟。低洼为田，种占禾糯各稻；高燥为园，种粟、菽、薯、芋、番薯、瓜蔬诸物，以佐谷食。近亦有种甘蔗、管蔗，煮汁炼糖，及烟草，以贩外省。山居小民，则烧山治畲，栽种旱禾、油茶、油桐、杉松，以供日食，勤苦倍甚。"② 他们在田地里种植各种农作物和经济作物。为充

---

① 韩信夫：《张弼士研究专辑》，社会科学文献出版社，2009年。
② 罗香林：《客家研究导论》，南天书局，1992年。

分利用山地，还在山里开了很多梯田，种植旱稻、红薯等耐旱作物。"山谷迤逦有水之处，自麓而跻腰颠皆阪田鳞次，远望如梯级，如蹬道焉。其不可田者烧治为畲，以树旱禾、姜、豆、瓜、瓠、薯、芋，佐饮谷食。"[①]

但人多地少，土地所出，不足维持三个月之需，生计成为当时人们面临的主要问题。为此，很多人便选择外出谋生。晚清至民国年间，这种现象在大埔县相当普遍。正如《大埔县志》所记载："山多田少，树艺无方，土地所出，不给食用。走川生，越重洋，离乡井，背父母，以薪补救。未及成童，即为游子，比比皆是。"[②]

当时频繁的战乱，也给粤东客家地区的社会生产和民众生活造成深刻影响，极大地冲击了当时的社会秩序和社会稳定。嘉庆二十二年（1817年），嘉应州（今梅州）天地会会众起义；咸丰四年（1854年），长乐水寨三点会（天地会分支）李正春起义；咸丰九年（1859年），太平天国石达开部转战嘉应州。这些持续不断的农民运动和暴乱，给当时粤东地区的社会秩序、经济发展、民众生活带来极大的影响。

激烈的人地矛盾、自然灾害的影响，再加上连年战乱，使得大埔县当时整体的农业发展水平相对落后，发展速度缓慢，整体经济水平较差。

尤其车轮坪村是大埔有名的贫困村。车轮坪村，在清末全村有500多人，但"村内缺水，不宜稻，只种杂粮"。[③]旧时大埔有句谚语说："大埔有三坪，番薯栗子压唔赢，有女切莫嫁三坪。"这句谚语中的"三坪"就是西河车轮坪、湖寮黎家坪、枫朗溪背坪。迫于生计，大埔乡民历来有"一把雨伞走南洋""一条裤带闯南洋"的传统。

---

① 温廷敬、刘织超：《大埔县志》，上海书店出版社，1943年。
② 温廷敬、刘织超：《大埔县志》，上海书店出版社，1943年。
③ 郑观应：《张弼士君生平事略》，载沈云龙：《近代中国史料丛刊》第75辑，文海出版社，1974年。

6

原生家庭

大埔自明代嘉靖五年（1526年）建县以来，文教一直相当发达，被誉为客家地区主要的"人文中心"。[1]清初以来，大埔县人文兴盛，科举为全潮州之冠。而且崇文重教，教育普及，成为社会风气。乾隆初年（1736年）以后，私塾遍地，教育相当发达。"乡塾献岁，延师开馆，腊尽解馆，几于寒暑不辍。至于蒙馆，则虽有三家之村，竹篱茅舍，古木枯藤，蒙茸掩映，亦辄闻读书声琅琅。"[2]正是在这种科举发达、教育普及的背景下，张振勋之父张兰轩，虽然家境贫寒，但"家贫力学"，考中秀才，并以教读为业，"教授乡里"。

张振勋出生于广东省大埔县客家山区的一个耕读之家。父亲张兰轩生于乾隆五十五年（1790年），道光十二年（1832年）得中秀才。张兰轩是个忠厚老实、秉性方刚的知识分子，又懂得医道，在乡里当私塾老师，有时行医，因此在乡中略有声望。

郑观应在《张弼士君生平事略》记录："代有令德，君父赠光禄，公兰轩太封翁为邑中名诸生，秉性刚方，仁慈在抱，家贫力学，曾教授乡里，循循善诱，学者宗之。又常以医道济人，所得医金转赠贫病，活人无算，

---

① 罗香林：《客家研究导论》，南天书局，1992年。
② 李松庵：《华侨实业家张弼士史料》，广州市政协：广州文史资料，1962年。

遏迕德之，邑中有纠纷事，得封翁片言立解。"①

母亲单氏则为山村劳动妇女，比丈夫小十几岁，主要在家中耕几亩薄田，没有什么稳定的收入。

张兰轩 36 岁生长子肇祥，38 岁生次子肇鹏，52 岁生三子肇燮，后又生四子肇睿。张振勋还有姐姐，但是具体家中有姐妹几人，目前还没有准确的史料记载。子女众多，且家道贫困，家中的生计全靠张兰轩一人维持。但乡下实在太穷了，张兰轩教了十几个孩子，却根本收不到多少学费，乡亲们一般拿些土豆、干粮抵学费。因此，张兰轩行医教书的足迹几乎遍布了大埔的山乡。直至 57 岁，还远赴福建永定、上杭等地教书，60 岁仍到龙川田心屯教书。

张兰轩家庭的困苦，一方面受大环境连年战乱、人多地少、自然灾害等的影响；另一方面，与张兰轩的人生境遇也有关系。张兰轩出生的时候虽然处于盛世，但是张家的家庭条件并不乐观。张家有兄弟两人，张兰轩 17 岁时父亲丧世，家道中落，兄弟两人只得一边苦读一边维持家中的生计。虽然，后来张兰轩得中秀才，但也已过不惑之年，更加没有再登科中举，所以，家庭环境也得不到多大的改善。

另外，张兰轩 36 岁时生长子肇祥，直至 52 岁才生下张振勋，在当时的社会背景下，这个年纪生子相对而言是较落后的。这个家庭原本就不富裕，又子女众多，长期缺乏劳动力，老来得子再次加重了家庭负担。相传，张兰轩夫妇在世时，兄弟四人尚未分家，又有孙儿孙女多人。偌大的

---

① 郑观应：《张弼士君生平事略》，载沈云龙：《近代中国史料丛刊》第 75 辑，文海出版社，1974 年。

家庭只依靠张兰轩微薄的收入，这种困苦也就可想而知了。

同治二年（1863年），73岁的张兰轩辞世，当时张振勋已经过番南洋，但尚未发迹，无法回家为父亲守灵送葬。

第二章
年少经历

1
家贫辍学

张振勋的人生充满了传奇，就连孙中山也称他为"怪杰"。张振勋人生的传奇色彩，从他少年时期就已经开始了。

相传，张振勋小时候在语言上与同龄人相比有较大的差距，直到8岁才会说话。其父张兰轩虽懂得医道，但因忙于生计，常年奔波在外，而疏忽了自家儿子。

张振勋会说话后，又跟随父亲读了三年私塾。在这期间，张振勋聪颖超群，勤思好学，颇有抱负，对传统的儒家文化有了初步的认识和了解。但由于家道贫困，无力继续学业，张振勋被迫弃学。

郑观应在《张弼士君生平事略》中记录："君生英慧，自小不凡，与诸兄随侍太封翁庭训，领会超群。一日闻太封翁讲授史公货殖传，即有感触，尝谓亲来家贫，允宜就商辍读。太封翁就其趋向，拟使之在乡习艺。"[1]

13岁的张振勋听讲司马迁的《货殖列传》后，便对父亲说："咱们家这样贫穷，没有法子走读书这一条路，我想还不如就此辍学，去学个手艺，将来好做买卖以谋出路。"张振勋这么说，其实是想减轻父亲的重担。弃学后，他在家中料理家务，协助母亲做农活。

---

[1]　郑观应：《张弼士君生平事略》，载沈云龙：《近代中国史料丛刊》第75辑，文海出版社，1974年。

2

放牛为生

张振勋有个胞姐嫁在下马湖客家望族饶家。弃学后他到姐夫饶家帮工，当起了放牛娃。

张振勋特别喜欢在放牛时唱歌。"一条裤带过番邦，两手空空敢飞天。不怕吃尽苦中苦，自有无穷甜上甜。""满山竹子背虾虾，莫笑穷人戴笠麻。慢得几年天地转，洋布伞子有的擎。""满山竹子笔直直，莫笑穷人无饭食。慢得几年天地转，饭箩端出任你食。"这些山歌强烈地表达了张振勋对温饱生活的渴望，反映了他童年生活的艰辛，也表现了他欲改变贫苦生活的志向和信心。

相传，一次在放牛时，牛已经吃得差不多饱了，张振勋也累了想喘喘气，便用蹲牛的木桩把牛蹲在草地上。可他刚转脚，木桩便被牛弄脱了。牛竟然溜到田里将邻家田中的作物糟蹋精光。田主气坏了，当时就找到张振勋的姐夫说理，要求赔偿，大声吵闹，弄得十分难堪。

张振勋回头发现牛跑了，急忙四处寻找，直到天黑，无处可找了才不得不回来。他还没有进门，便被生气的姐夫狠狠地打了两耳光，并责骂他："肇燮啊，死佬都能守住四块棺材板，你连一头牛都看不住，真是连死佬都不如。"年少的张振勋哪经得住这般辱骂，便愤怒地对姐夫说："你欺负我年少家贫，等我长大了，我厉害给你看。"姐夫一听，就更加鄙夷奚落了，说道："你如果会发财的话，我饶家的灯笼倒挂过来。"要知道，"倒挂灯笼"在客家是一件十分不光彩且失廉耻的事，是对家风和个人人格的侮辱。张振勋受到了奚落后，饱含羞愧，暗下决心发愤图强。

据说，张振勋在海外发迹后回到故乡大埔县，特命管家制作一对灯笼，颠倒悬挂，备三牲酒礼，鸣锣响鼓，直奔姐夫家中，以消当年之辱。没想到，姐夫真的把门前挂的灯笼倒转来挂。张振勋见了忙叫姐姐把灯笼反正过来。他对姐姐和姐夫说："过去的事已经过去了就算了。若不是姐夫一番奚落，也可能不会有我的今日。再者，村子里大家都姓饶，你把写着饶字的灯笼倒挂，可不是得罪全村人。"

之后，客家人受张振勋传奇成功的鼓舞，传唱了这样一首山歌："莫笑唐山小毛虫，漂到南洋长成龙。看牛阿哥过番去，摇身一变大富翁。"

3
学艺编竹

张振勋离开饶家以后，父亲张兰轩并没有责怪他，而是尊重他的志向和选择。不久，张兰轩托人把张振勋送到乡间一家竹器作坊当学徒。在那个时代，当学徒也很不容易，师傅对待徒弟如同主子对待奴仆一般，稍不满意，打骂是常有的事。

张振勋初到作坊时，为了学艺有成，日后能出人头地，白天跟师傅学手艺，砍竹削蔑，编织箩筐。收工后就帮师母烧茶做饭，刷锅洗碗。师母有时让他倒尿壶、洗马桶，他也默默忍耐，全都照做。于是，师母向师傅夸赞张振勋。师傅听说后，觉得这个小伙子很不错，自然悉心教导。

三年后，张振勋已经能娴熟地编织各种竹器，从师兄弟中脱颖而出。他尤其擅长编织鸡笼，他编的鸡笼外形美观，结实耐用，受到大家的一致好评，并在当地留下了不小的名气。

4

父母之命

张振勋小时候，家里怕因为太穷，以后娶不上媳妇，便为他养了一个"等郎妹"（童养媳）。咸丰八年（1858年），17岁的张振勋在父母的操持下，与"等郎妹"陈氏结了婚。相传，张振勋结婚时因筹不出聘礼，便编织一套家用竹器作为聘礼送给女方。

对于一心持家的原配妻子陈氏，张振勋始终心存感激。功成名就后，每年春节，他再忙都要回老家。有时，只有一两天空闲时间，他也抽身回来拜候父母，并跟陈氏恳谈。每次张振勋回家，陈氏总是亲手制作酸芋头和酒糟粕这两道大埔农村的传统食品给张振勋品尝。酸芋头和酒糟粕其实并非佳肴，张振勋夫妻在团聚时刻品尝它，有着富不忘本的特殊含义。

光绪二十八年（1902年），就在张振勋奔波于南洋之际，陈氏却因操劳过度染病不起，过早地离开了人世。噩耗传来，张振勋一时无法抽身一睹结发之妻遗容，急电家人务必停枢以待其归。迨至一年之后，张振勋专程归乡厚葬陈氏。每每想起安息于故乡青山绿水间的陈氏，张振勋都有一种锥心之痛。他往往能梦见倚门盼归的发妻，仿佛听见她那深情忧郁的歌声："阿哥当年下南洋，阿妹寻哥洗琉琅，白天烈日当头晒，半夜想哥被窦凉。哥在远方多保重，你系家中大栋梁，几时盼得阿哥转，阿妹相伴好还乡。"

5

惨遭灾荒

正当"张氏鸡笼"逐渐打开市场，18岁的张振勋正想自己开一家竹器作坊时，一场罕见的大旱灾袭击了粤东地区。农民颗粒无收，人都难以活下去了，谁还需要鸡笼呢？在饿殍遍野、百业萧条的时候，张振勋和父亲相继失业，家中的生活日渐窘迫。眼见父亲每天唉声叹气，母亲时常为吃穿泪流满面，张振勋心急如焚却又毫无办法，只好每天和兄弟一起上山挖野菜，以此作为全家赖以生存的食物。

这时，大埔县多有乡民跟随"水客"（来往海外、内地之间的侨汇经纪人）外出逃难。近代的南洋，大量荒芜的土地亟待开垦，丰富的矿藏有待开采，因此需要大量劳动力。当时，我国广东、福建等地的贫苦民众因生活所迫，前往南洋谋生者络绎不绝。

正逢村里有位姓黄的"番客"（客居南洋的中国人）回家探亲，见家乡遭此大灾，便慷慨解囊，送给村里每户人家一斗白米。为此，乡亲们都非常感激他的大恩。目睹这一切，张振勋非常羡慕，同时也认识到：男儿志在四方，要想建功立业，必须走出乡间，走出大埔。

在这种动力的驱使下，张振勋主动找上门去，表示愿意跟随姓黄的华侨去南洋谋生。姓黄的华侨看了看张振勋，表示："你年轻力壮，如果去南洋做工，只要不怕吃苦，每个月至少可以挣到三四十块大洋。"见张振勋去意已决，十分坚定，他便爽快地答应了。

张振勋高兴地回到家，一到门口，他就大声喊："阿爸、阿妈，那位黄阿叔，答应带我到南洋做工挣钱了！我们家快要翻身了！"张兰轩对于张振勋的决定并不感到意外，但他还是问清楚他的想法："古人云：父母在，不远游。谚云：'穷家难舍，旧土难离。'你何苦要背井离乡，漂洋过海呢？在家乡不是一样挣钱养家吗？"张振勋对父亲表示，自己的胸怀大志在乡间无法施展，而眼见许多渡海去南洋谋生的华侨，不乏白手起家致富的人。他曾十分感慨地说："大丈夫不能以文学致身，通显扬名显亲，亦当破万里浪，建树遐方，创兴实业，为外国华侨生色，为祖国人增辉，安能郁郁久居乡里耶？"[1]可见，张振勋的抱负非同一般。

咸丰八年（1858 年）秋的一天，18 岁的张振勋便腰缠裤带，身背包裹，辞别了父母与依依不舍的新婚妻子，随着姓黄的华侨，从汕头乘"大眼鸡"帆船至荷属东印度巴达维亚（简称巴城，今印度尼西亚首都雅加达）谋生。

---

[1] 史全生：《民国实业家列传》，凤凰出版社，2018 年，第 3 页。

第三章

初出南洋

1
外出谋生

当时的巴城是荷兰的殖民地，美丽的风光只是富人的天堂，穷苦人在这里难以为生。咸丰九年（1859 年），举目无亲的张振勋到达南洋之后，在那位姓黄的华侨帮助下，寄食在大埔会馆，有了一个栖身之处。但他接连两个月都没有找到工作，只好到处替人打零工维持生计。做零工挣的钱少得可怜，仅够他一人糊口。有时，没有零工做，他只好一连几日待在会馆中喝稀粥充饥。

严峻的现实与他先前的幻想大相径庭，张振勋真正感受到了生活的巨大压力。好在"天无绝人之路"。在张振勋抵达巴城后的第三个月，姓黄的华侨终于帮他在一家福建人开设的土特产商号谋到一份跑街（外勤推销）的差事。另一说是，当时的他只盼望着能多赚一些钱寄给家乡的爹娘，最后只得去做非常艰苦而且危险的矿工。虽然生活窘迫，但他发挥客家人的"硬颈"精神，没有放弃，一直坚持不懈地努力奋斗，一干就是三年。

张振勋非常珍惜这份来之不易的工作，勤劳肯干，人又机灵，因而老板很器重他，委以重任。这家土产商号其中一个经营项目是买进鲜鱼晒制鱼干，经常与同行合买一船，至多独买一船。一次，有很多船鲜鱼求售，却无人问津。张振勋到船边看了看，然后对老板再三说，一定要把这些鱼全部买进。于是，他们一次性购进大批鲜鱼，晒干放入仓库。不久之后，市面上鲜有鱼干售卖，唯独这家福建土产商店有售。物以稀为贵，当其他商店因货少而脱销时，张振勋适时高价出这批鱼干，结果为老板赢得了大笔利润。事后人们问他究竟是什么神机妙算，看准了市场行情？他笑笑说："当时探悉这批鲜鱼是在同一海域捕获，就想到一个海域饵料有限，要是鱼多，因争食不饱必瘦。而这批鱼却远比往日肥美，可见渔产不丰。这次不过是出海渔船较多，捕捞多一些罢了。渔产既然不丰，日后鱼干必然缺市，所以坚持全部买进。这是按理办事，并非什么神机妙算。"众人听了，无不叹服他的见识卓越超群。

因此，老板对他刮目相看。这一年，老板有事回国，便把商号托付给张振勋。他经营有方，年底结账时，获纯利5万余盾（荷属东印度的货币单位，相当于今印尼盾），比老板亲自主持商号时赚的还多。

其间，有人暗中教唆他找机会夹带店里的款项，逃回家乡去，过快活的日子："既然老板不在，你又赚了大钱，何不卷款而去呢？"张振勋认为这样做是不道德的，也是没有出息的做法，所以坚定地拒绝了。张振勋严肃地对那个人说："受人之托，忠人之事，何况老板还是我的衣食父母呢？如此勾当，君子不为也。"老板回到巴城后，闻知此事，越发器重这个年轻人。他不但给张振勋加了薪水，而且劝他寻机自行创业，并真诚地表示到时将给予各方面的支持。（另一说是，这是发生在纸行的事情。）

后来，为了谋求更大的发展，张振勋离开了这家土产商行，辗转于当地华侨商号间，做跑街、经纪人、管账先生。由于他才华出众、为人诚恳，加上那个福建老板的帮助，各家商号都乐意为他提供工作机会。他也因此长了见识，结交了一批有经验、有财力的朋友，手头也存下了一笔钱，这就为他日后创业打下了一定的基础。

2
纸行工作

一次，一位从欧洲来的海员，拎着一箱子贵重东西，找到张振勋的住处请他验收。张振勋很奇怪，对这位海员说："我在欧洲没有亲戚。这东西不是我的。"海员面露难色，说："你看地址和姓名都没有错，退回去我怎么交代？"虽然托运单上写的收货人明明是自己，可是张振勋坚决不收。最后，那位海员只好采取了折中的办法，暂时将箱子寄放在这里，等复查清楚再做处理。临走时，他还说："如果一年以后，还没人来领，这个箱子就是你的啦。"一年时间很快过去了，箱子依然没人来取。张振勋也依然未将它打开。他还在耐心等待箱子的主人。

此事在当地传扬开来。一位姓陈的福建客家纸行老板非常欣赏张振勋的诚实品德，见张振勋精明能干，就主动聘他做管账先生，打理纸行的进仓和送货一类的工作。另一说是，矿工三年契约期满后，张振勋经乡人介绍，到温氏米行当杂工。

只要是老板吩咐的事，张振勋都认真踏实地去干好。他不仅把账管得井井有条，在空闲时还帮助小伙计干活。有时候，他一个人干两个人的活，也从无怨言。晚上得空，他总是如饥似渴地学习当地的语言和业务知识。因为他有竹器制作手艺，所以，干起包装篾笼箱包的活来得心应手，从而为陈老板减少了纸张的损耗，节约了成本。陈老板打心眼里喜欢上了这个聪明伶俐的后生。

3

继承纸行

陈老板已年过六旬，膝下无子，只有一女，名叫陈兰香，与他相依为命。此时，他常常为无子孙继承自己创下的这份产业而发愁。他见张振勋相貌英俊，办事细心，就有心招他为婿，一来自己的女儿有了终身依靠，二来自己的家产也后继有人。而且，他也觉察到，女儿对张振勋已情愫暗生。因为她常常借故接近这个年轻人，有时还替他缝洗衣服、端茶递水。既然女儿已钟情于他，而本人也欣赏这个后生，招他为婿，岂不是两全其美之事？张振勋做账房先生之后，表现得依然可圈可点，不久后陈老板终于决定把自己的独生女儿许配给他。

陈老板打定主意，就找来张振勋说明此事。张振勋一听，自是满心欢喜，说："既然东家不嫌弃弼士出身卑微，弼士岂敢违背东家美意。只是终身大事，要有父母之命、媒妁之言才可。待我修书禀告双亲，再给东家答复。"陈老板招婿心切，笑笑说："我们离开故土亲人，来南洋谋生创业，备尝艰辛，委实不易，哪里还顾及这些繁文缛节，你就不必推辞了！"张振勋闻言也就不再饶舌。陈老板见张振勋答应了这门亲事，大喜过望，当即选定良辰吉日，为女儿和张振勋完婚。[①]不久，又让自己的女婿全权负责纸行的生意，自己则享起了清福。从此，张振勋告别了"打工"生涯，做起了纸行老板。

---

① 史全生：《民国实业家列传》，凤凰出版社，2018年，第4页。

　　另一说是，好事从天而降，娶了陈小姐意味着至少可以少奋斗十年。但张振勋却兴奋不起来，毕竟他已经是有妇之夫，不能抛弃家中望眼欲穿的陈氏，也不能耽误陈兰香的花样年华。于是，当陈老板提起亲事，张振勋就坦陈了自己的婚史，希望陈家另择佳婿。听说张振勋家有贤妻，陈老板很失望。奈何陈小姐已经深坠情网，非君不嫁。在张振勋做工的时候，陈小姐就在窗帘后面看到了他，看他这么勤奋努力，就中意于他，还向父母挑明她的心思。陈老板只得顺应女儿的心意，劝说张振勋纳陈兰香做偏房。于是，张振勋 21 岁那年，举办了平生第二次婚礼。

　　张振勋和陈兰香结婚的当年年底，陈老板因病去世。临终之时，他把身后的事情都托付给了张振勋。安葬了老人以后，张振勋和妻子商量以后如何发展的事。他说，开纸行只能维持生活，不会有什么大发展。这几年来，他仔细观察研究了巴城的商业状况，发展前景最好的应该是酒行。因为，荷兰殖民主义者花天酒地，大肆挥霍，时时离不开酒，而当地的居民中喜欢喝酒的人也很多。所以，他想把纸行关闭了，改开酒行。妻子是一个很识大体的人，听他说的有道理就同意了。

第四章

创业致富

1
转营酒行

张振勋开始显示他卓越的经营能力。他抽出一部分资产，开设了一家经营各国酒类的商行。开业之后，他经营酒行仁义宽厚，几乎每天都顾客盈门，生意兴隆。从此，他与酒结下了不解之缘。张振勋是个有心人，他一边卖酒，一边广泛结交各方人士，在接待顾客时非常注意了解当地的风土民情，特别注意向富有经验的华侨商人虚心求教。基于纸行陈老板在当地的关系网，再加上张振勋谦逊和善，颇得当地老华侨们的赏识。

有一天，一位面容清瘦、须发皆白的耄耋老者来到张振勋的酒行。张振勋见了连忙上前把老者迎到雅间坐下，沏上一杯香茗，拿出一瓶上等好酒，又请自己的夫人亲自下厨炒几个拿手好菜给他下酒。这位颇有几分仙风道骨的老先生只顾品尝美酒佳肴，自始至终一言不发，一副旁若无人的神态。张振勋毫不计较，相反，他面带春风地陪侍一旁，殷勤地为老者斟酒布菜。这老者也真是海量，在半个时辰之内竟然喝下了几瓶美酒。吃饱喝足后，红光满面地站起来，目光炯炯地看着张振勋说："张先生，我听人将你称作'小孟尝'，说你广交朋友，常向人请教生财之道，赞你有兼济天下、实业兴邦之志。既然如此，你何不放弃这小小的酒店，去广阔的天地一显身手呢？你要想干出一番事业，谋求大的发展，就须与荷兰人交往，得其信任，争取承包本地的酒税和典当捐务。如若再把鸦片烟税承包到手，金钱就会滚滚而来。到那时你的远大理想就不难实现了。"

张振勋牢记其言，在开设酒行后，竭力结交荷兰殖民当局的官员。甚至连当地最高长官荷兰人亨利（另一说是，名为拉辖）都成了他的朋友。依靠这一要诀，张振勋经营的事业迅速发展。

酒行开业不久后，有一段时间，一位荷兰青年军官亨利常常来店饮酒，闷闷不乐，经常不付酒钱还借故取闹，伙计们很反感他。张振勋却不以为然，他认为此人并非无赖之辈，一定是有难言的苦衷才借酒排遣。他嘱咐伙计们好生招待，不必重取酒资，说生意要图仁义为本。后来，军官觉得莫名其妙，就向伙计询问原因，伙计便把张振勋的话直言相告。他听后，既惭愧又感动地走了。此后一个多月，这位军官一直未光临张振勋的酒行。一天中午，这位荷兰军官突然风风火火地闯到店中，把1000多盾钱交给伙计，说是清还以前欠下的酒钱。张振勋见状，连忙过来请他饮酒，但这位军官并未落座，而是向张振勋说了句"后会有期"，就匆匆地离去了。

三年后的一天，荷兰驻东印度总督府的卫兵突然来请张振勋去赴宴，张振勋惊喜交加。当他在卫兵的带领下来到总督府宴会厅时，惊喜地发现新总督竟然是三年前到自己店中喝闷酒的青年军官。总督一见到张振勋进来，就离座相迎。他把张振勋拉到自己身边坐下，然后宣布欢迎宴会正式开始。酒酣耳热之际，总督追叙往事。他名叫亨利，本是荷兰王室成员，当年因不堪到异国他乡服役之苦，故常到酒店饮酒解闷。他对几年前张振勋的善解人意和慷慨大度一直记忆犹新，心存感激，所以今日特请张振勋来赴酒宴，以示答谢。两人畅饮西洋名酒，相谈甚是融洽，遂结为好友。此后，张振勋在南洋的各项事业都得到亨利总督的扶持和帮助，总督成为他拓展事业的坚强后盾。

2

酒税致富

后来，在进行酒税和典当捐物承包权的投标竞争时，张振勋在亨利总督的许可下，如愿以偿地得到了巴城酒税和新加坡典当捐务。承包酒税和典当捐物利润很大，张振勋的财富也随之成倍地增加。同时，他通过亨利的关系，把这种业务逐渐扩大到其他城市和别的商品中。

随后，张振勋又承包了荷属东印度一些岛屿上的鸦片烟税，垄断了鸦片烟买卖，承包了荷兰在巴城驻军的洗衣和伙食业务，财源大开。张振勋趁机把这家烟土公司的承包权抢到手中，进而垄断了当地的鸦片买卖。短短几年中，张振勋成了当地迅速崛起的大富豪。

有了雄厚的资本实力，张振勋豪气顿生，欲实现自己在少年时代立下的"破万里浪，建树遐方，创兴实业"的志向。

3

开拓垦殖

张振勋对这种发财的途径并不满意，他一直在寻找更有前途的发展方向。同治五年（1866年），新的创业机会降临了。当时，荷兰殖民者为了开发与掠夺荷属东印度附近的岛屿资源，需要利用华工的力量对南洋进行开发，于是号召华侨投资进行垦殖。张振勋认为南洋的许多岛屿土壤肥沃，加上气候适宜，若能开垦进行种植，将来必能得到大发展。这是一个大展宏图、大显身手的好机会。于是，张振勋抓住这一时机，抽出大部分资产投入这一事业。

当年，他亲自前往荷兰殖民地葛罗巴埠创办了裕和垦殖公司，大规模开垦荒地。他向荷兰殖民政府领得了一大片荒地，以及所需要的资金、种子、工具等，并且雇用了一批华侨工人，专门种植椰子、咖啡、橡胶、胡椒、茶叶等热带经济作物，并在田间套种杂粮。为了加速垦荒，张振勋一边招收当地的华工，一边写信回家乡，召唤乡亲们来南洋参加开发。垦荒十分顺利，经过几年，原先的丛林、沼泽变成了肥沃的田园。田园附近俨然成了一座市镇。张振勋获得了极大的经济效益，收入更加源源不断。

从此，他更加获得荷兰殖民者的信任。荷兰殖民者的官吏认为张振勋很有才识和毅力，称赞其为不可多得的人才。由于张振勋一贯讲信誉，营业状况良好，他还同时承包了荷兰驻军及劳工的伙食，并且兼办建筑修缮工程。他不仅赚了钱，在华侨社会中的地位越来越高，事业也越来越大。

光绪元年（1875 年），张振勋受到荷兰殖民政府的敦促，又去苏门答腊亚齐人居住的区域开办了亚齐垦殖公司经营垦荒业。亚齐人原是一种混血马来族，性格强悍，与中国人的外形颇相似，他们多居住在森林里。自荷兰人侵占东印度群岛后，他们就到处与荷人为敌，经常出没于城市周围的丛林中，以其自制的利刃狙击荷兰人。可是，亚齐人从不干扰在那里贸易和开垦的华侨。[①] 于是，荷兰人借重张振勋前往开垦。张振勋领取荒地继续经营垦殖公司，大获成功。此时，张振勋又经常乘轮船渡过马六甲海峡，至马来亚（今马来西亚）的槟榔屿后，与巴城华侨甲必丹（一种官职）李亚义及王文星合资创设公司于槟榔屿，经营土产，开始向马来亚发展。

光绪三年（1877 年），他又在荷属怡里创办了裕兴垦殖公司，开荒种植胡椒等农产品。他的这些垦殖公司在数年之间均获成效，成绩斐然。

光绪四年（1878 年），张振勋来到荷属棉兰埠日里，见该埠森林茂盛，土地肥沃，想起曾经有一位叫尼羽伊的荷兰人，于 1869 年发现这里的烟叶叶薄味醇，是做雪茄最理想的原料。于是他招商引资，在棉兰租借了1000 亩土地，以 1899 年为期，开办了日里烟草公司。从此棉兰地区的烟草种植业便蓬勃发展起来。[②]

张芝田的《海国咏事诗》对张振勋等人在日里的垦殖活动也有所反映，其一："不事干戈地辟夷，剪除荆棘拓园篱。公司十二人如海，争道张堪善抚绥。"其二："垦土为栽吕宋烟，招工先办买山钱。收成利市真三倍，

---

① 祝秀侠：《张弼士传》，载华侨协会总会：《华侨名人传》，黎明文化事业股份有限公司，1984年，第 154、155 页。

② 黄浪华：《公益事业的楷模》，载《华侨之光》，中国华侨出版社，2011 年，第 257 页。

赢得洋银十万圆。"该首诗附有自注:"土产烟叶,招工开园,利市数倍。"①

张振勋还与早年手下的员工张榕轩共同合资创办了笠旺垦殖公司,从事农林生产,种植椰子、橡胶、咖啡和茶叶等经济作物。他先后开辟橡胶园8处,据称,其中一座橡胶园,如乘坐马车从北门进园向南直线驰行,出园要花上4小时。由此可见张振勋经营垦殖业的规模之大。他接着延伸产业链,利用自己的丰富原料资源,购买新式机器,在垦殖园内开办制作加工咖啡与茶叶的工厂,并从国内招收熟练的烤茶工人焙制茶叶。张振勋招募了大量华人移民,雇工近万人,一下子成了大庄园主,拥有几百万的资产。

《张弼士君生平事略》有一段关于张振勋在棉兰投资经营的记载:"综计君之创办外洋实业,仍以日里为最多;结识英才,又以南洋所识者最得力。日里港主补授棉兰玛腰张君耀轩,乃君结识之心腹交好也。君与耀轩君结识之初,早知其大器,迨合伴营业,更觉其心精力果,故所营商业,无不共获厚利……溯君之初到日里也(时前清光绪三年即公历1878年)见该埠森林茂盛,土地沃壤,和人久议开辟,因佐理乏人,故进行迟滞,且金融、粮食转运维艰。君与耀轩君惨淡经营,不遗余力,辟土植荒,创办笠旺公司,种植椰子、树胶、咖啡、各种茶树,投资数百万,佣工数千人,先后开辟树胶园七八所,地广近千里,并试种华茶,购新机焙制,他日发达,挽回权利不无关系。又审商务盛衰,全恃金融畅滞为关键,棉兰华商虽日趋繁盛,而汇兑涨落操自外人,乃与耀轩君特设……"②

---

① 张榕轩:《海国咏事诗》,载张煜南:《海国公馀辑录》,上海古籍出版社,2020年。
② 郑观应:《张弼士君生平事略》,载沈云龙:《近代中国史料丛刊》第75辑,文海出版社,1974年。

到光绪二十四年（1898 年），张振勋共垦荒百余亩，拥有 6 家规模庞大的垦殖公司，雇工数万。张振勋经营垦殖业的声名愈著，成为南洋华侨垦殖业的著名先驱之一。

1912 年，他将垦殖业也扩展至马来亚，在槟榔屿开办了万裕兴垦殖公司，垦荒种植橡胶、椰子等。并组设万裕兴总公司，以应接各埠支店汇总财货。

4
创办银行

在经营垦殖的同时，张振勋还积极捕捉其他商机创办各种实业。在日里，张振勋感到商务的盛衰全在于金融是否通畅，而当地汇兑涨落却操纵在外人手里。当地华侨很多，都要向国内家里寄钱，但当时没有汇兑国内的银行，只能靠水路代交，既不方便也不安全。

张振勋又看到了商机，立即在日里创办了首家采用西方银行手段办理侨汇业务的日里银行，专门办理当地侨民向国内汇款的侨汇业务，以及信贷、储蓄、押汇等多业经营。还开展电汇业务，还能将汇款人附言与汇款一起快速送到国内收款人手中，既安全又快速又方便。因而，深受华侨欢迎和依赖，故而生意兴隆，利润丰厚。于是，他又成为中国最早的外国华商银行家。

5
竞争航运

光绪十二年（1886年），为了解决货物运输问题，张振勋在槟榔屿创建了万裕兴轮船公司，开辟南洋航运业。有轮船三艘，自运货物航行于槟榔屿与亚齐之间。

光绪二十四年（1898年），张振勋一行3人和一名德籍家庭医生准备乘坐德国班轮从巴城前往新加坡办理商务。张振勋叮嘱管事购买4张头等官舱票。船票买回来，却只有一张官舱票、3张统舱票。张振勋很奇怪，问管事为什么只买了一张官舱票。管事无奈地说："德国轮船规定华人不准购买官舱票，那张官舱票还是德国医生亲自去买到的。"张振勋听后当即勃然大怒，将4张船票撕得粉碎，扔进了波涛汹涌的大海。他感到炎黄子孙的尊严受到了严重侵犯，良久不能平静，随手举起慈禧太后赏赐的御窑宝蓝大花瓶向地板砸去，打了个稀巴烂，并愤然吼道："岂有此理，华人不能坐官舱，什么苟例？简直欺人太甚！中华民族不可侮，中国人不可欺！"

"对！中国人不可辱！我们坚决不坐德国人的船！"在场的中国人也义愤填膺地说道。"大家说得对，我们要坐自己的船。清政府无能力办商船，我张某来办！"张振勋当即对一同来的曾创办潮汕铁路的张耀轩说："记住，以后我的商船凡德国人一律不卖票！"

当年，张振勋邀张榕轩、张耀轩昆仲共筹航行苏门答腊及中国南部海面的远洋航运，在巴城创办了"裕昌远洋航运公司"，先后购买了"卧勃""福广""拉惹"三艘海轮。后又在亚齐开办了"广福远洋轮船公司"。从此，辽阔的太平洋上开始出现飘扬着中国大清龙旗的侨办远洋巨轮，游弋于新加坡、巴城、亚齐、香港等地的海域上。

张振勋的远洋轮船专门与德国轮船同走一条航线，比德国的同等官舱票价低一半，并且不卖票给德国人。在这样的价格竞争之下，德国轮船公司无力招架。一方面在这样价格对比下，没人愿意乘坐德国轮船；另一方面德国人自己不得不出高价乘坐同样的航线，自然也要提出抗议。德国轮船公司损失惨重，最后只得向张振勋道歉，求他手下留情。从此以后，德国轮船不再敢有歧视华人的任何规定。

6
扩展矿业

马来亚的雪兰莪、霹雳、森美兰和彭亨是早年华侨开发的产锡矿区。张振勋看到英国人开商场、开矿山获利，于光绪二十四年（1898 年）将其企业经营扩展至马来亚，在英属彭亨州文东埠创办开采锡矿的东兴矿务公司，开采锡矿，兼营商场。随后又经营雪兰莪、巴生地区的锡矿开采。

7
批发药材

此外，张振勋还在东南亚经营药材生意。他见到中药材在南洋地区十分畅销，而中国又急需西药，便在新加坡、巴城、香港、广州等地开设药行，经营药材的进出口业务。他在新加坡先后创办了张裕和、万安和、万山栈三大药行，在巴城设立慎德药房，在香港开办万信和药房，还在广州设立了张裕安堂。

他在广州市靖海路设立的张裕安堂药行，专门在东北、华北、山东等地采购药材，如人参、鹿茸、犀角、麝香、牛黄和一般中草药。他将国内的名贵中药材行销到海外，药材运至广州后再批销到华侨聚集的曼谷、河内、马尼拉、东京、三藩市（今旧金山）、纽约、檀香山（今夏威夷火奴鲁鲁）等地的中药商行。

然后由海外输入肉桂、虎骨胶、燕窝等名贵药材和西药，运回国内销售，推销国内各地。构建了包括国内—东南亚—美洲市场在内的庞大的药材批发网，沟通了海内外药材市场。

8

发展地产

张振勋在垦荒创业时期，经常乘轮船渡过马六甲海峡到槟榔屿，那里的气候温和，风光秀美，他非常喜欢这个地方。

后来，张振勋有感于印尼富人的增多，在棉兰、槟榔屿及苏门答腊兴建了大量中西合璧的高档住宅，大力发展房地产事业，吸引了大量的欧洲和华裔富商。

《海国咏事诗》描绘了张振勋地产投资的情况："择地经营近水浔，楼台四面屋当心。收租十倍人知否，一寸塵居一寸金。"①

---

① 张榕轩：《海国咏事诗》，载张煜南：《海国公馀辑录》，上海古籍出版社，2020 年。

9
富可敌国

从19世纪60年代开始，经过30多年的奋斗，到19世纪90年代，张振勋抓住殖民地当局鼓励发展经济的大好商机，从一名打工仔到经营垦殖业发家，利用东南亚地区华人移民与当地土著的低廉劳动力，巧取当地丰富和尚待开发的矿业自然资源，运用自己的聪明才智，开展垦殖、商业、金融、航运、房产、矿业等多种经营，以及从殖民政府获得的垄断专营性贸易，风生水起。其经商领域由荷属东印度群岛扩展到了英属马来半岛，分支机构遍布南洋，构建了一个庞大的商业王国。

据统计，到同治八年（1869年），张振勋的财产达到8000万两白银，比清政府当年的财政收入（7000万两白银）还多1000万两白银，比当时江南首富胡雪岩的财产多出5000万两白银，成为富甲南洋的客家侨领、东南亚当之无愧的华人首富。此外，张振勋还拥有庞大的不动产，富可敌国，被美国人称为"中国的洛克菲勒"。[①]

此时的张振勋已成为南洋华侨界举足轻重的人物。当地的荷兰殖民者也都尊敬他，他每到一地，当地的行政当局都鸣礼炮表示欢迎。同时，荷兰政府还准备授予他官职，但被张振勋婉言谢绝了。他说："我是中国人，应该为祖国出力，怎么能去当外国的官员呢？"

---

① 《扩张中美间商业之企图》，《时报》1915年8月5日，第三版。

第五章

合作挚友

1

张榕轩

从 19 世纪 70 年代中期起，张振勋在南洋创业中遇到两位在他商业经营生涯中重要的助手和合作伙伴，这两个人就是嘉应州松口堡（今梅州市梅县区松口镇）人张榕轩和张耀轩兄弟。他们积极参与张振勋的经商活动，是张振勋重要的合作伙伴，并且成为亲密的挚友。

张榕轩（1851—1911 年），别名煜南，广东梅县人。少怀大志，聪颖诚笃，胆识过人，年幼助其父打理商务，然而地瘠家贫，生计维艰，遂请于双亲，欲往南洋，获父嘉许。同治七年（1868 年），张榕轩自汕头乘船远行海外，辗转来到荷属东印度苏门答腊之棉兰埠。

张榕轩的家乡松口与张振勋的家乡大埔西河，虽分属嘉应州和潮州，但均处于梅江的中下游，同属纯客家地区，两人又是同宗，地缘和亲缘的关系。张榕轩与张振勋同属客家人，他比张振勋小 10 岁。客家人一向有团结互助精神，双方初次见面，一见如故。

张振勋在南洋经商初见成效，将张榕轩收入其门下，从事垦殖业。在张振勋的扶持下，张榕轩受到启发，在棉兰自立门户经营垦殖业，种植烟草等经济作物，并开设万永昌商号，经营各种商品。经过多年努力，张榕轩积累的财富成千上万。荷兰人根据其所做的贡献，授予其"雷珍兰"官职，后又擢升为"甲必丹"及"玛腰"。《海国咏事诗》有自注："日里在皿齐之东，荷人新辟地。粤人官斯土者，措置之善，盛推二张。"[1]张榕轩利用职务之便，承包酒类专卖及房地产等，成为荷属东印度著名的侨商。

后来，张振勋与张榕轩合办笠旺垦殖公司，投资数百万盾，先后建成橡胶园8处，雇工万余人。对于在荷属东印度群岛务尽地力的垦殖、采矿，张振勋和张榕轩合作营商确实取得了非凡的成就。因此，张振勋珍视与张榕轩的合作关系，结下了很深的友谊。

光绪十九年（1893年5月24日），张振勋正式接任驻槟榔屿副领事一职。一年后，张振勋升任驻新加坡代总领事。驻槟榔屿副领事一职，经张振勋推荐，清廷任命张榕轩继任。根据清廷的原则，领事人选应就地取材，选殷实公正的绅商充派。张榕轩就是最合适的人选。

张榕轩当时是棉兰地区最著名的华侨实业家，他担任"雷珍兰"华人的行政管理官后，针对苏门答腊数十万华人受外人欺凌虐待的情况，与荷兰殖民政府交涉，为维护侨胞的人权据理力争，解除其所受的痛苦，做了大量的工作，使华侨的处境有所改善，深受侨胞的拥护和爱戴。张振勋选其接班，继任副领事，顺乎天理，合乎民情。张榕轩从光绪二十年（1894年）接任驻槟榔屿副领事，在任期间，侨民安谧，友邦亲善，为侨民所敬仰，任职至光绪二十四年（1898年），长达四年之久。

宣统三年（1911年）张榕轩逝世后，张振勋为这位营商战略伙伴写下祭文："呜呼！惟灵。其性友孝，其品端庄。少笃文学，诗词见长。旋弃毛锥，旅游南洋。智超卜式，才迈弘羊。振勋已知深而友善，复相与登竞争之场。凡商战之策略，悉依赖其谋臧。善指挥而多画，亦沉毅而周祥。况

---

① 张榕轩：《海国咏事诗》，载张煜南：《海国公馀辑录》，上海古籍出版社，2020年。

有英奇之叹，弟藉辅翼而匡勒。"

祭文赞誉张榕轩的人品、才学和商务才干，把他比喻成西汉营商大师卜式和理财大师桑弘羊；也提到他离开早年经商的松口，寻求更广阔的创业空间的历史，张振勋因此与之结成战略合作关系，并比喻双方是"交同管鲍"，即春秋时的管仲和鲍叔牙。这篇祭文收录于《张榕轩侍郎荣哀录》中，序次位于萧惠长作的序文、汤潜寿作的《张榕轩别传》、荷兰国十二公司同人等、高丽国尹园溪石、谢荣光的祭文之后。

正是由张振勋举荐张榕轩继任槟榔屿副领事一职，开启了 5 位梅州籍侨商连任槟榔屿副领事的历程。张榕轩卸任后，这一职位由他的同乡兼亲家谢荣光继任；第四位副领事则是谢荣光的女婿、嘉应州水南堡（今梅州市梅江区三角镇）人梁璧如；梁璧如之后另一位大埔人戴春荣接任副领事一职。民国后，槟榔屿领事改为正领事，曾由戴春荣的儿子戴培元担任一段时期，可谓影响深远。

2
张耀轩

光绪五年（1879年），张榕轩召其弟张耀轩来到棉兰。张耀轩（1861—1921年）比张榕轩小10岁。张耀轩初到棉兰时在哥哥的企业任总管，其后，张耀轩在西甫兰地区买下了一处荷兰人转让的大种植园，种植橡胶，成为该地区第一位华侨种植园主。

张耀轩的经商天赋深受张振勋的赏识。后来，张振勋意识到商务兴衰全恃金融畅滞。他在日里期间，看到棉兰华商日趋繁盛，而汇兑涨落操纵于外人之手，遂同张耀轩合办日里银行，办理荷、英两属的华侨储兑信贷及侨汇等业务。

光绪二十三年（1897年），张振勋回国商议筹办中国通商银行事宜，他委托张耀轩承担起代理其在荷属南洋地区企业管理的重任。张耀轩的这一角色被称为"总挂沙"，意为全权受委托人，权力较总经理大，有全权处理委托人产业和企业的权力。光绪二十四年（1898年），张耀轩又升任棉兰的"甲必丹"。张耀轩接管了张振勋在南洋的产业后，事业蒸蒸日上，积累财富多达5 000万荷盾。①张氏兄弟声名显赫，成为东南亚最有实力的财团之一。

1898年，张振勋与张耀轩在苏门答腊亚齐合办广福、裕昌两家远洋航运公司。宣统二年（1910年）前后，张耀轩应张振勋之邀前往巴城，会见

---

① 《东方杂志》第十五卷第十二号"内外时报"，第163页。

当地侨商许金安、李全俊等，参与筹商建设"中华银行"。该行总股份定额 600 股，张耀轩认购了三分之一。至此，张耀轩将商务扩充到了爪哇。①

张振勋捐款赈灾，捐款助学，各项善款所费高达百数十万。张振勋与张耀轩所题善款数目，并驾齐驱，人多称异缘。郑观应讲述过一个故事："年前耀轩君面部起了一个晦点，星相家均谓运限不佳，又起晦点，恐有险厄。适君（张振勋）在座，因而有感曰：'善可消灾，确乎不爽，若能力行善事，则何灾不免，何福不臻？以后善举，最好彼此同心，共同数目，代为题助，可乎？'耀轩君乐而应之曰：'灾祥之说，素不介怀，而善善从长，以多为贵，将来所捐善款，当彼此同题。'君践诺而照行之。递年耀轩君面部晦点顿变红色，反露阴骘纹，运限虽恶，安然无恙，从此为善益力……粤人好善，君与耀轩君首屈一指焉。"②

---

① 饶淦中：《伟业彪史册丰功耀宗邦》，载《华侨之光》，中国华侨出版社，第6页。
② 郑观应：《张弼士君生平事略》，载沈云龙：《近代中国史料丛刊》第75辑，文海出版社，1974年，第67页。

第六章

为官参政

1

才可大用

"学而优则仕"是中国古代读书人的追求，与回国创办实业同步，张振勋走上了"亦商亦官"的道路，诠释了"商而优亦仕"。

随着张振勋在南洋商业社会的地位逐渐提高，清政府大小官员开始频频向张振勋示好，出于爱国热忱，张振勋也开始与官方交流频繁，最终成为"红顶商人"。

光绪十五年（1889年），安徽省发生严重旱灾，江南一带发生严重水灾。张振勋在这期间捐资赈灾，受到清廷嘉奖，被授予"候选同知衔"一职。同年，张振勋自南洋向盛宣怀（山东登莱青道尹兼烟台东海关监督）报告："请速设领事保护南洋各埠华侨，以免受荷、日殖民主义的虐待。"

光绪十七年（1891年），盛宣怀邀请张振勋北上烟台兴办路矿。

光绪十九年（1893年）是张弼士人生的转折时期。这一年，出使英国钦差大臣龚照瑗衔命考察欧美福裕之道，途经槟榔屿与张振勋谋面。龚照瑗询以"西人操何术而使南洋诸岛商务隆盛若此"。张振勋以《史记·货殖列传》之语以对，曰："非有他术。《货殖传》不云乎，因人地之宜，利导教诲，以法律整齐保护，使人乐事劝（勤）工，若水之趋下，不召而自来，不求而自至。夫农不作，则乏其食；工不作，则乏其用；商不出，则三保绝；虞不出，则财匮少；财匮少，则山泽不辟。此四者衣食之原也。原大则饶，原少则鲜，上则富国，下则富家，贫富之道，莫之予夺。巧者有余，拙者不足，此自然之验，而西人能实行之，又暗合计然。所言积着之理，务完物无息币，使货币贸易便利流通，此其所以能兴商获利也。"[1]

龚照瑗又问："君致富又操何术？"张振勋谓："吾于荷属，则法李克，务尽地利；吾于英属，则法白圭，乐观时变。故人弃我取，人取我予，征贵贩贱，操奇置赢，力行勤俭，择人任时，能发能收。亦犹伊、吕之谋，孙、吴用兵，商鞅变法。若智不足以决断，仁不能以取予，强不能有所守，终不足与学斯术，吾服膺斯言，本此为务，遂致饶裕，非有奇术新法也。"[2]

龚照瑗闻之，握其手曰："君非商界中人，乃天下奇才。现中国贫弱，盍归救祖国乎？"张振勋答："怀此志久矣。"龚照瑗乃荐于朝，并函大学士李鸿章，力言张振勋"才可大用"。

时间，新加坡总领事总领事黄遵宪、前领事左秉隆，也向清政府力荐张振勋。黄遵宪挑选第一任中国驻槟榔屿副领事时，张振勋在中国已经拥有南洋其他侨领难于获得的人脉关系，即盛宣怀与李鸿章等清政府高官的重视。[3]

驻英大使薛福成更是大力举荐张振勋出任驻外领事。在批复黄遵宪禀称出巡各岛由时提到："据禀出巡南洋各岛、情形极为详晰，足见实事求是之意，至为欣慰。槟榔屿设副领事、既据称查有候选知府张振勋，智计过人，群相推重，足膺斯任应，俟与英外部商定后，即行札派以专责成。大

---

[1] 郑观应：《张弼士君生平事略》。沈云龙：《近代中国史料丛刊》第75辑，文海出版社，1974年，第66页。

[2] 郑观应：《张弼士君生平事略》，沈云龙：《近代中国史料丛刊》第75辑，文海出版社，1974年，第67页。

[3] 魏明枢：《张振勋与晚清政府的早期交往》，《五邑大学学报》(社会科学版)2012年第11期，第4、5页。

小白蜡等地，各国既未设领事，则中国独设副领事，有无窒碍，亦俟与外部详细妥商，再行知照可也。"①

随后，他又致电英外部："为照会事，照得华民寓居槟榔屿颇众，中国国家欲于该岛设一领事人员，本大臣嘱驻扎新加坡及海门等处之中国总领事黄遵宪选择一合式之人，为槟榔屿及其属地威利司雷省并丹定斯等处之副领事官。今已荐举绅士张振勋莅此任。查张振勋系候选知府，即槟榔屿之富商，在新加坡及海门等处经商，约三十年矣，颇有声望。本大臣欲请英廷允准，并发谕照办，曷胜纫感。相应照会贵爵部堂，请烦查照，须至照会者。"②

后又咨总理衙门："为咨呈事，窃照新加坡英属各埠，酌设副领事一案，本大臣屡饬总领事黄道遵宪留心访察，堪以派充副领事者，总期人地相宜，任阙毋滥，据实禀报以凭核办。前据该员禀称选得绅士候选知府张振勋，即槟榔屿之富商，在海门等处经商三十年，声望素著，若为槟榔屿及其属地威利司雷省，并丹定斯等处之副领事官，堪以胜任等情，禀请查核前来，本大臣复核属实，曾经照会外部，请英廷允准，并发谕照办。旋接外部大臣劳偲伯里复称，槟榔屿设中国副领事官，已转咨英廷办理此事之衙门矣等因。自应俟查明再办。现据外部函称接到新加坡及海门等处总督来函，称张振勋派为槟榔屿之副领事，无所不可。是以已认其为中国副领事等语。相应钞录往来照会函件，咨呈贵衙门。谨请查核，须至咨呈者。"③

---

① 薛福成：《出使公牍》卷七《批答》，传经楼校本，第23页。
② 薛福成：《出使公牍》卷九《洋文照会》，传经楼校本，第14页。
③ 薛福成：《出使公牍》卷二《咨文》，传经楼校本，第25页。

1893 年 3 月，张振勋被清廷任命为候选同知衔驻槟榔屿副领事（行领事权责）。薛福成札委曰："为札委事，照得英属新加坡改设领事官兼辖海门等处，其附近要埠酌设副领事官，前经奏明在案。本大臣屡饬黄总领事留心访察，总期人地相宜。前据黄总领事禀称，选得绅士候选知府张振勋，在海门等处经商三十年，声望素著，若为槟榔屿及其属地威利司雷省并丹定斯等处之副领事官，堪以胜任等情，当经本大臣照会外部，请英廷允准，并发谕照办在案。兹接英外部大臣函称，接到新加坡及海门等处总督来函，称已认张振勋为中国副领事官等语，合行札委，札到该副领事遵照，仰即尽心职守，保护中国民商，遇事随时禀商总领事官，并禀报本大臣查核，务于任内应办一切事宜，妥为经理以副厚望。切切此札。"①

从此，张振勋成为亦商亦官、一身二任的华侨实业家。虽然，早在此之前，张振勋通过赈捐获得清政府授予的荣誉性官职虚衔，但这次获得的是实职，为他与清政府高层的往来铺平了道路，特别是为其随后开展的回国投资，以及后来的铁路建设做好了铺垫。

槟榔屿位于马来半岛西北部，为马六甲海峡的要冲，亦是英国海峡殖民地的行政总部所在地。槟榔屿商业繁盛，19 世纪末，华人侨商有 80 000 多人，其中客家人 6 000 人。清廷为保护华侨，使侨胞免受欺凌和奴役，经与英外交部商洽，获准于 1893 年 3 月在槟榔屿建立副领事馆。

---

① 薛福成：《出使公牍》卷七《札文》，传经楼校本，第 13 页。

2

升任领事

光绪二十年（1894年），时任新加坡总领事的黄遵宪奉诏回国。光绪二十一年（1895年），龚照瑗举荐张振勋代理新加坡领事："臣以新加坡为南洋英国要埠，领事官有保护商民之责，必须华洋信洽操守清廉之员方能胜任。臣一面咨商总理各国事务衙门，一面先行委员代理，以昭慎重。查有槟榔屿副领事、三品衔候补知府张振勋，久历南洋，熟谙情形，堪以暂委代理，已与英国外部商议允协，除咨商总理衙门酌拟妥员充补新加坡总领事官，再行具奏外，所有派员代理总领事缘由理合附片陈明伏乞。"[①]

后张振勋以三品衔候选知府接替黄遵宪升任驻新加坡代总领事，后又获道员衔。张振勋在总领事任内，注意团结广大侨胞，化除畛域，组织中华总商会，积极维护华侨利益，深得侨民爱戴。

在张榕轩的后人手中保留有两封即将卸任的黄遵宪写给张振勋的亲笔信，内容就是专门讨论张榕轩任职槟榔屿领事的有关事宜，目前《黄遵宪全集》未收入这两封信。从信的内容可以看出，在推荐张榕轩出任副领事一职基本成定局的情况下，张振勋还多次写信给黄遵宪，协调解决剩下的细节问题。

虽然，张振勋写给黄遵宪的信下落不得而知。其中，黄遵宪写给张振

---

① 中国第一历史档案馆：《清代中国与东南亚各国关系档案史料汇编》（第一册），国际文化出版社，1998年，第103、104页。

勋的第一封信，蕴含丰富的信息，现全文照录如下：

弼士仁兄大人阁下：

项奉惠书，藉悉一是（切）。槟埠一席，荐举榕轩司马，诚为得人。惟榕轩不审能否于此三个月内暂驻槟埠，其和兰甲政一缺，是否暂行觅人代理？抑或两面兼顾隐藏不言。查通行规则，由敝处知照地方官认明之后，尚须晓谕刊入官报，弟处仍须禀明星使，咨呈总署。读阁下再启，似有不欲洋报传播之意，此事诚恐不能。如榕轩不能离甲政之任，恐兹不便。为此，驰缄布启，即乞阁下再行斟酌核示。总之，此事明白宣布，则于榕轩有光；若含糊安置，虑阁下与弟均有不便。现拟稍迟数日再行照会，鹄候回示，濡笔以待，若由电布复更妙。手此，即请大安。

愚弟黄遵宪顿首七月卅日

（再，前次面及之龙旗，迟未寄来。又弟遗书一本《历代史论》，弟以虑往函查，亦无复示，又及。）①

这封信讨论的是张榕轩出任槟榔屿副领事，如何处理张榕轩尚担任的棉兰甲必丹职务的事项。张振勋的意见显然是希望张榕轩兼任两职，并低调上任，不在洋报上对外公布。对此，黄遵宪表示异议，从他的内心深处来讲，他希望张榕轩专心担任领事职务，因为两项职务的地点分属英、荷两个殖民地。即便兼任，也要遵循外交规则，明白公开宣示，知照地方，以免引起各方不必要的误会。具有丰富外交经验的黄遵宪，显然比只任职槟榔屿领事一年的张振勋应对这一特殊情况更老练，恳切解释其中的利害关系。

从八月初七日黄遵宪写给张振勋的第二封信的内容分析，以及事后的

---

① 饶淦中：《楷范垂芬耀千秋——印度尼西亚张榕轩先贤逝世一百周年纪念文集》，香港日月星出版社，2011 年，第 126、127 页。

史实证明，张榕轩采取了兼任的办法，但有关的程序则依照黄遵宪的要求进行，得以完满解决。自己不愿担任殖民地政府职务的张振勋，为何坚持张榕轩兼任呢？

在这之前，张振勋的活动重心已转移到英属马来亚，并在着手回国内投资张裕酿酒公司和葡萄园种植两个重大项目，在荷属地的商业经营合作项目委托张榕轩管理，出于保持商业经营稳定，以便日后逐步稳妥交给张榕轩的弟弟张耀轩独立承担，免除交接动荡。

3
清朝要职

光绪二十五年（1899 年），张振勋应召回国，受到慈禧太后、光绪皇帝召见。

光绪二十六年（1900 年），黄河流域发生严重水灾，张振勋被清廷委任为"顺直赈捐督办"。他带头赈捐白银万两，发起募捐白银百余万两，赈济灾民。后受到清廷嘉奖，为其建造"乐善好施"牌坊。次年，他又出任"河南南郑赈工督办"，负责华侨、华商、官绅的赈捐事宜。

光绪二十九年二月二十六日（1903 年 3 月 24 日），清廷谕令："候选道张振勋久历外洋，熟悉商情，兹因办路矿学堂，报效巨款，洵属好义急公，深堪嘉尚。"张振勋前经戴鸿慈保奏，已谕令送部引见，著迅速来京，预备召见，候旨施恩。①

光绪二十九年五月十九日（1903 年 6 月 14 日），慈禧太后、光绪皇帝再次召见张振勋，激励他"招徕海外华商，振兴中华实业"。这次召见，张振勋被封赐为侍郎衔、候补三品京堂。此时，张振勋正式成为"京官"。这次召见，张振勋以贺仪 30 万两白银晋谒慈禧太后，有说是用作修建颐和园的经费，也有说是捐给清政府扩建北洋海军，后被慈禧挪用修建颐和园。将 30 万两白银与"候补三品京堂"联系起来，对张振勋这个传奇人

① 朱寿朋编，张静庐校：《光绪朝东华录》第 5 册，中华书局，1958 年，第 5162 页

物来说，是备受争议的一件事。①

之后，张振勋推动了清朝商部的成立。他分析了修商律、设商部的上谕及其所设定的设立商部的限制条件，特别强调设立商部的重要性和紧迫性。他说："商律设则保商有政矣；商部设则保商有人矣此诚兴商之宏规，万世不易之极则也。"他强调，振兴商务必须"事权"统一，故应当"援照外务部之例"在中央设立商务部加以统率。张振勋还说："譬诸治兵：商部，统率也；商务大臣，将领也；商民，士卒也；农工路矿，士卒之战具也无战具，则无可抵敌；无统率则无所指靡。皆相须为用者也。"②同年，作为清朝振兴实业的统筹机关——商部成立。在商部成立后，张振勋亦以巨大的热情投到晚清新政的经济建设大潮之中。

在任期间，他多次上书朝廷，建议振兴商务，核心思想主要有三个：一是设商部，二是开特区，三是引外资。他借鉴西方管理模式积极协助商务大臣戴振推行了一系列有利于中国资本主义经济发展的法律政策，如颁布了《商人通例》《商部章程》《破产律》等。

他特咨请商部奏派大员办理福建广东农工路矿。他主张：其一，由于华侨籍隶国广者十人而九，因此，"振兴商务尤非自广等省入手不可"。其二，要由商部择声望素之员为"考察外商务大臣督办国广农工路矿事"，予以保护华商之任。其三，招商宜依其所长，分别界以开垦种植、制造工艺、开矿筑路之任。其四，要建立"试验区"以为"程序"。商部认为张振勋"所陈不为无见"，并推荐他出任商部的"考察外埠商务大臣，兼督办、广农工路矿事宜，遇事咨呈臣部核夺办理"。

---

① 徐松荣：《张弼士》，广东人民出版社，2011年，第79页。
② 魏明枢：《张振勋与晚清商部》，《太平洋学报》2009年第1期，第93页。

光绪二十九年（1903 年），张振勋奏陈《振兴商务条议十二条》，即：

第一条，农工路矿宜招商承办一节，准如所议，设立农务、工艺、铁路、矿务各公司，隶于商部，广集商股，次第开办；第二条，招商兴垦山利一节，议由商部设立公司，先在直隶试办；第三条，兴垦山利种栽一节，议由公司辨别各省土性所宜，广行种栽，一俟奉天、吉林交回后，分设公司，先就两省试办；第四条，兴垦山利矿务一节，议归矿务公司切实兴办，至一切矿章立案应遵上年七月初九日谕旨，俟议定章程再行载入商律；第五条，招商兴垦水利；第六条，已垦未垦均宜筹办水利各一节，亦均议设立公司，先在直隶试办；第七条，招商设立贷耕公司一节，恐启奸商垄断重利盘剥之弊，议驳；第八条，招商兴办工艺、雇募工役一节，议设工艺公司于京师，先行招商开办；第九条，招商兴办铁轨支路一节，议设铁路公司承办；第十条，招保外洋华商一节，议将注册保护及控诉等事，统归商部及商务大臣办理；第十一条，权度量衡圜法宜归划一一节，请由整顿圜法王大臣妥议，俟商部设立后，酌中定议，奏明办理；第十二条，请设商部员额及各省商债一节，除商部各员及公司名目应俟简派大臣再行酌核外，各省设宫，官多权分，转嫌窒碍，议驳。

张振勋的奏折由商部转奏。同年 12 月，商部转奏时高度称赞张振勋"拳拳爱国之忱""实堪嘉尚"。清廷谕旨："如所议行。"

光绪三十年（1904 年），慈禧太后、光绪皇帝第三次召见张振勋，赏头品顶戴、光禄大夫，补授太仆寺正卿头品顶戴。他非常清醒地认识到，清廷召见他、给他的任务和对他的期望就是"招华商、振兴商务"。

光绪三十年九月十三日（1904 年 10 月 21 日），张振勋咨呈商部转奏清廷提出"招徕外洋华商振兴商务"奏折。上奏如下：

振勋奉召来京。仰蒙皇太后皇上殷殷垂询，以招徕华商振兴商务为命，跪聆之下，钦佩莫名。尝闻世之策商务者，莫不曰招徕外洋华商，振兴农工路矿，不知不接其言论，不怯其疑虑，则所谓招徕之术，终隔膜也。去年振勋蒙恩召见，皇太后、皇上即以招徕华商为训，追赏假南旋，所到各埠，当华商集议之时，窃有以窥其疑虑之所在。或谓中国地大物博，外人涎羡、自通商以来，或招洋股，或挂洋旗，捷足争先、莫可纪极。吾侪一旦归自海外，主客之形，几于倒置，纵挈巨资，无从着手。又或谓商之为道，乘时趋利者也。中国官商，久成隔阂，设为奸商所骗，土恶所欺，加之有司节节羁留，层层钤束，累月经年，尚不得直。费时旷业，所损实多。至于外埠侨居，已成土著，公司之设，则股本不可遽提；合同之立，则期限不能遽满。今若舍旧谋新，恐非一朝一夕所可期许。他如天时之寒，土地之燥湿，起居饮食之异宜，犹其小焉者也。振勋爱思外埠华商，籍隶闽、广者，十人而九。其拥厚资善经纪者，指不胜屈。中国商智未开，商力较微，而各国莫不籍商战以争利于中原。商务一端，在我已有不能自支之势，居今日而思补救，固非招致外埠华商，维持商务不可，振兴商务，尤非自闽广等省入手不可。如由商择其声望素孚之员，奏请特派考察外埠商务大臣，督办闽广农工路矿事宜，予以保护华商之任，周历各埠，切实开导，动之以祖宗庐墓之思，歆之以衣锦故乡之乐。闽、广之距外埠，轮舶往还，一水可达，室家产业，并顾兼营，一人而给。况商部设立以来，纲举目张，以保商为己任，一切下情，可由督办径达商部。凡督办所到之地，商部如在目前，地方不致有掣肘之虞，官商一气、内外一心。如是祛其疑虑，有不襁负而至者哉。且所谓招致华商者，非尽市人而罗致也。业必世业，财必己财。知其以农起家者，畀以开矿种植之任；以工起家者，畀以制造工艺之任；以路矿起家者，畀以开矿筑路之任。先由督办凑集华款，认真提倡，选择要地，筑路一段，开矿一区，垦种工艺，创办一二事以为程式。二三年后，著有成效，昭示大信。再动华商出其资财，承办各项公司，极力经营，由南而北，逐渐扩充，开辟利源，请求物产。穷黎赖有生计，四境渐无游民，则公家无一钱之费，而中国增亿兆之资。利权既挽，主权自尊，战胜之机，固不尽在折冲间矣。抑更有请者，广西土匪，已成蔓延，广东一带，盗风日炽一日，推原其故。皆由地多旷土，民无教养。今日治两广者，筹的饷，练劲兵，以顾目前之急，不得不然。而振勋以为开垦种植者，默化未成之匪也；教习工艺者，隐散匪之羽党也。故言商务于闽、广入手，不得仅谓为善后之策也。振勋屡蒙圣谕，既周且挚，谨就管见所及，缕悉上陈，如蒙转奏，请旨施行。商民幸甚。

光绪三十一年（1905年），张振勋被任命为商部考察外埠商务大臣，兼督办闽工、商、路矿事宜。清政府为进一步招徕华侨回国兴办实业，任命张振勋为南洋商务大臣，兼槟榔屿管学大臣，赴南洋招徕华侨。此时，张振勋的管理范围从槟榔屿、新加坡扩大到整个南洋诸国（东南亚国家），他亦成为南洋华侨社会呼风唤雨的人物。[1]他也是清朝历史上最后一任太仆寺卿，一直到光绪三十二年九月二十日（1906年11月6日）太仆寺被并入陆军部而被裁撤。[2]

光绪三十三年（1907年4月），张振勋又被任命为督办铁路大臣，管理粤汉铁路事宜。在任期间，他一方面在收回汉铁路权的斗争中身体力

---

① 徐松荣：《张弼士》，广东人民出版社，2011年，第79页。
② 钱实甫：《清代职官年表》，中华书局，1908年，第1337—339页。

行，尽管他深受督抚岑春煊和周複的重视，并委以重任，但他一直坚持商办主张；另一方面积极为争取东南亚华侨富商回国投资、兴建铁路面奔走动说。此时的张振勋已跻身于清王朝的高级官员的行列，成为清朝的海外首位"红顶商人"。

张振勋成了"东南亚华侨在清廷担任高职的第一人"，最重要的是他在为官之路上跟对了人。盛宣怀是晚清政府中的经济实力派，李鸿章则是晚清政府中的政治权力掌握者。两人作为晚清中国现代化的重要掌舵人，对于晚清社会及清政府的影响是无可比拟的。通过他们，加上雄厚的经济实力，张振勋受到了张之洞、王文韶及戴鸿慈等清政府高官的欣赏，最终通到了"天上"——被慈禧太后和光绪皇帝接见。

然而，张振勋为"官"的身份非常特殊，他的级别很高，而且并非虚衔，却不需要在衙门坐堂任职，实际上是以一个不任具体职务的高级京官的身份，按照商部的安排完成钦派的使命。太仆寺卿为"补授"之本官，"充商部考察外埠商务大臣、督办闽广农工路矿事宜"则是差遣，是实任职务，与当时一般绅商的虚衔不同，是晚清新政时期设立的一个重要的经济类职官，被赋予了一定的经济行政管理职能，属于商部的"差遣委用"，所谓"奉旨督办"。

值得指出的是，尽管张振勋在商部成立前便被安排到商部"差遣"，当时商部在许多时候也确实将他当作"本部"的一员，但他与商部之关系却并非简单的内部职员与组织的关系，在有关商部及农工商部的机构组成人员中并没有张振勋的名字。商部的统计表中明确强调：广厦铁路由"本部考察外埠商务大臣太仆寺卿张振勋筹办"。然而，商部的许多成员实际上并未将他视为本部成员。光绪三十年（1904年）七月，"代载大臣议复候补三品京堂张振勋条陈商务折。张系华侨，粤籍富商，报效巨款，奉旨以三品京堂候补。张乃条陈商务利弊，奉旨令载大臣议复"。①

宣统元年（1909年），张振勋出任广东总商会总理，且与广东劝业所伍申三等出资50万银两，组织广东集大公司出品协会，经营出口贸易。

---

① 魏明枢:《张振勋与晚清商部》,《太平洋学报》2009年第1期,第94页。

4
顺应潮流

张振勋是一个顺应历史潮流的人。1912 年 1 月 1 日，中华民国成立，孙中山就任中华民国临时大总统。张振勋虽然为前清所重用，但他始终能够顺应历史发展的潮流，继续活跃在中国的历史舞台上，用他的资本力量推动着中华民族经济的发展。

1912 年 12 月 15 日，张振勋受临时大总统袁世凯电邀进京，共商国是，并被聘任为总统府顾问、南洋宣慰使；同时，工商部也聘任其为高等顾问。奉袁世凯的命令，张振勋率领商务团赴南洋考察商务，联合侨商筹办内地开埠事宜。

1914 年 1 月 26 日大总统袁世凯公布的《约法会议组织条例》成立，议员依据 1914 年 1 月 29 日大总统袁世凯公布的《约法会议议员选举程序施行细则》选出。3 月，张振勋被全国商会联合会选举为约法会议议员。会议的议员名为选举产生，实为袁世凯内定或由人保荐经袁世凯同意的。5 月 26 日，张振勋在袁世凯的特任下，出任参政会参政。11 月，他又在农商部的推荐下出任广东省商会理事。1915 年 4 月，张振勋被袁世凯选定为参政院参政，授予二等嘉禾勋章。

5

出访美国

1915 年 4 月 7 日，在美国商会的邀请下，经农商部报袁世凯批准，派张振勋任团长，组织全国工商界的骨干实业家，组成中华游美实业团，参加旧金山巴拿马太平洋万国博览会，并考察美国商务。当日，17 名中华游美实业团成员齐聚上海，74 岁高龄的张振勋任团长，聂其杰任副团长，余日章任名誉书记员，团员有银行、铁道、工矿、纺织、农业、商业各方面的官商要员。

相传，张振勋访美之前，家人曾为他算了一张流年，说近两年张家要见孝服，但有妻妾九人分担，张振勋自己不会有什么损失。虽然有这种说法，张振勋又年过古稀，但在民族大义面前他毅然选择踏上访美旅途。出发前，他在香港买了 500 万保险，让其子张应铭随行，以便照料。

4 月 9 日，张振勋率领中华游美实业团乘美国"满洲号"轮船出发美国。4 月 10 日《申报》刊载《华人赴美调查农工商业》："华人十七人于九日附满洲号由沪赴美，调查农工商业。同行者有商业部顾问罗秉生氏，八日午后，上海美总领事先在署内开会欢送。与会者除赴美华人全体外，有美国绅商多人及镇守使、交涉员、伍廷芳、唐绍仪等。海圻舰军乐队亦到会奏乐。美总领事、罗秉生、交涉员、伍廷芳、华商代表等。各有演说，宾主尽欢而散。"①

① 《申报》第十版"本埠新闻"，1915 年 4 月 10 日。

4月11日,《申报》再次刊载《华人赴美考察农工商业续记》:"兹悉自前年美国实业团来华游历后,吾国即有组织报聘团之议,适值辛亥革命未获实现。值美国举行巴拿马赛会,吾国应美商界之敦请,遂赓续前议,组织游美实业团往观盛会兼考察美国各地农工商业盛况。先于七日相聚于上海总商会,公推张振勋君为团长,聂其杰君为副团长、余日章君任名誉翻译。八日午后四时,美领事萨门思君特邀各团员及中外官绅商界开欢送会。郑镇守使、杨交涉使等均到,饷以茶点。萨君演说致欢送意。张君答谢。继罗秉生君、杨小川君、伍秩庸君、聂云台君皆有演说,语均肫挚,聂君演说中美交谊以兄弟为比例,闻者尤鼓掌如雷。演说毕,摄影以为纪念。九日午后四时,各团员齐集新码头,上船送行者极一时之盛,闻此行以五个月为期,大约五月初可抵旧金山。"①

4月12日,中华游美实业团经过日本长崎,受到关注。一到长崎,便有记者上船访谈;到了神户,又有记者访谈相关事宜。访谈之事,大多涉及当时中日关系和国内抵制日货事宜。在过日本期间,实业团团员本相约不上岸,但因受到了日本华侨的欢迎,海外同胞热诚奋发,念其爱国心挚,实业团团员参加了中华会馆的欢迎会。

据《申报》4月21日报道:"十二日过长崎。此行最为日本所注目,一至长崎即有新闻记者上船访谈,出示报纸,则满载支那赴美观光团事件矣。及抵神户,而新闻记者又坌集,语次佥以中日交涉如何,舆论如何,且问抵制日货是否出于下流社会,而凡受教育之国民绝不提倡,读者诸君试思之。此问至可玩味也。报纸所记支那观光团事,不惟记者行踪与目

---

① 《申报》第十版"本埠新闻",1915年4月11日。

的，并测度其年岁，描写其衣服容体，语言举止，其措词皆含有一种莫可形容之态度，此为何耶？团员本相约不上岸，过神户侨商坚邀至中华会馆开欢迎会，席间，主宾皆有演说，极慷慨淋漓之至。凡去国久且远者，其爱国心愈挚、观于海外同胞热诚奋发，令人亦念吾内国同胞矣，神户侨商三千八百人、长崎千余人。"①

4月23日，实业团邀请了30余人召开舟中茶话会，张振勋携团员热情招待。其间，美商大来致贺词，谈到了张振勋，对张振勋的酒厂等表示赞扬。张振勋用华语向其答谢。

《申报》在《游美事业团行踪》记载道："四月二十三日下午三时，实业团为代表西美商会邀请本团赴美之大来君及其夫人开茶话会，并请船主狄克生君及久在中国基督教牧师各地青年会干事、报馆记者等男女两宾三十余人到会。团长张弼士君、副团长聂云台君偕各团员倾诚招待，彼此介绍握手相见，分三行团坐，款以中国茶酒及饼饵、主宾杂操英语、华语彼此交谈，有顷，须发如雪之大来君起致祝词、并言此酒系团长所营酒厂自制之物，厂在烟台，而家在广东，是见其实业影响被于全国，举杯为实业团祝。张君以华语答谢，由余日章君译述，大旨以今日承大来君及其夫人及卓有声望之诸友好宠临此会，不胜感谢。此次赴美，必能增益许多见闻，将来回国不但有益于中国，且必能使中美两国实业界发生极亲密之关系。"②

4月26日，实业团抵达檀香山。檀岛美商会、华商会都通过无线电对实业团的到来表示欢迎。抵埠后，受到了当地商会的盛情招待。先是美国

---

① 《申报》第六版"要闻二"，1915年4月21日。
② 《申报》第六版，1915年5月18日。

商会为实业团开欢迎会，会上双方各致欢迎辞、答谢词，其间还谈到中日交涉问题，希望美国扶助中国，早日了结中日纠纷。次日，华商会又召开欢迎会，并依照当地风俗，为实业团团员送上鲜花或长绦。

据《申报》记载："二十六日舟抵美属檀香山。先是檀岛美商会、华商会各以无线电致意欢迎，既抵埠纷纷到船相迓，由美商会以摩托车导至公园，款以盛馔。总理华尔登君主席，陪宴者群岛轮船公司总理、商会协理麦克来君、前任商会总理、星报馆总经理华林吞君，轮船及垦牧公司总书记华德好司君，汽车公司总理潘克生君，太平洋商报主笔麦善孙君，商会书记卜礼良君，及驻檀领事伍君璜等中美绅商数十人。主席及团长各致颂词、谢词毕。聂云台君演说，美人譬犹良农，既播嘉种于本国，又推而及于中华，既退还庚子赔款以兴教育，使吾国人永永不忘是也。美商大来君复以极恳切之词色演说中日交涉，深望美国乘此机设法扶助中国，使交涉早日了结，不至受亏过甚。合座为之动容。翌日华商复开会欢迎，并依檀岛风俗，每人送一鲜花或彩纸制成之长绦围于颈次，珍重言别，吾于檀岛种种情形，不禁起无穷之感喟、当于下次通信为专篇以纪之。"①

5月3日，实业团抵达旧金山。旧金山是实业团访美的第一站，也是巴拿马赛会的举办地。张振勋率领实业团登岸时，受到了美国总统代表，外交部、商部、工部代表，旧金山市长、美商会联合会及旧金山商会理事，中国驻旧金山总领事及华商代表，以及巴拿马赛会总理与博览会中华出口监督的热烈欢迎。中华实业团在旧金山逗留了7天，游览了旧金山风景区、旧金山公园，参观了旧金山湾码头工程及制造厂、古果糖厂、加利

---

① 《申报》第六版"要闻二"，1915年5月15日。

福尼亚酒厂、天寅铁厂及太平洋克斯公司钢铁制造厂、美孚油厂、加省陈列所等，受到各方宴请及茶会招待，并接到美各地方 130 余处商会的邀请函电。[①]

据《时报》7 月 22 日《招待赴美实业团纪事》报道："五月三日，我国实业团乘太平洋公司满洲船抵埠时，西商会本埠市长及各代表、中华商会至孝堂龙冈公所张清河堂，各备自由车同到码头迎接。当船入港时，本埠税务司泰卫氏代表总统，遮士打路维代表加省总督，委壬氏代表外部，波打氏代表商部，移民局长祫免匿代表工部，本埠总关员璧架氏代表移民局，舍路埠西商即美西沿岸商会联合会总理参勿卜六君，三藩市西商会总理摩亚，华商会代表邝祝敬、麦友楠、邝文光，巴拿马赛会总局代表、中华赴赛监督处及各职员、中华民国驻旧金山总领事及领事馆职员、金山六大公司代表，均出港欢迎。登岸时，三藩市公民代表邀中华实业团在码头客厅茶会，即由公民代表及马队护送至佛郎昔斯旅馆。复参观，市政厅长、市长及职员邀中华实业团茶会，乘汽车游览金山著名风景之区，并至辟利斯河兵站参观金门公园，会宴于狗山旅馆。"[②]

5 月 6 日，实业团参加巴拿马太平洋万国博览会。此届万国博览会于 2 月 20 日开幕，来自全球 41 个国家参赛，其中就包括了中国。张振勋也携张裕公司酿制的"可雅白兰地""雷司令""玫瑰香""味美思"4 种葡萄酒参赛。会上，经赛会评审，张裕公司的"可雅白兰地"获甲等金质奖章，"雷司令""玫瑰香""味美思"获得丁等金质奖章。获奖后，张振勋

---

① 韩信夫：《鞠躬尽瘁死而后已——1915 年张弼士率实业团访美的历史考察》，载《北京"文化梅州"论文集》，2005 年，第 123—131 页。

② 《时报》（六）"纪事"，1915 年 7 月 22 日。

在三藩市侨团会馆的欢迎会上，激动地说道："在这盛大的酒宴中，一眼望去，锦秀华堂，全是令人自豪的东西：一件是早就世界驰名的中国大菜，一件是享誉全球的中国瓷器，还有一件是新近获得国际金牌的中国名酒，都是举世无双的东西。唐人是了不起的，只要发愤图强，后来居上，国家的产品都要成为金奖产品。"

5月7日，三藩市商会为中华游美实业团开欢迎会，副团长聂其杰在会上发表了演说。张振勋因身体不适未到会，由余日章代其发表演说。其间，余日章答复了商会提出的问题，尤其是在对待美国实业团访华时提出的4项问题上给予了积极的回应。

张振勋率领中华游美实业团到达了华盛顿，受到美国总统伍德罗·威尔逊的邀请，于5月26日率团做客白宫。在中国驻美公使夏偕复的陪同下，谒见了美国总统威尔逊。在白宫，美国总统威尔逊，中国驻美公使夏偕复同实业团成员一一握手。

《申报》在《游美实业团见大总统纪事》中详细记录了这一情景："实业团以我驻美夏公使之导引，于抵华盛顿之第一日正午，入白宫见大总统威尔逊氏。白宫周围皆草地，其建筑仅楼一层朴素如中等人家。车既至，礼服之，军官一人导入。初不见阍者与其他侍从官也。屋南向五间既入导至四次室少坐。四壁悬绝大之历任总统油像，陈列瓷铜器物，寥寥数事，方四顾则正中室之门启矣。此军官乃导吾侪鱼贯入。大总统西向立先与夏公使握手，次团员一一握手，相见环立。"①

张振勋作为团长在致词时表示："此行承美政府特别优待，非常感

---

① 《申报》第三版"要闻一"，1915年7月16日。

谢。"①并表示:"将考察所得归献本国,以期本国实业与其他事业获有进步改良之机会。"②

随后,威尔逊总统致欢迎词,略谓:"诸君子为考察实业故,惠然肯来,岂惟本大总统所欢迎,美利坚全国人民,雅与本大总统有同感,可知也。中美两国之关系,正非仅商务与其他实业,以两国感情之深挚,使我国上下,于中国前途,抱无穷之希望,今幸中国政体,改建共和,万象更新,邦基渐固,欣悦之怀可言喻。盖共和政体,为鞭策文明进步唯一利器。中华民国以无上之资格,无限之能力,成非常之事业,与美国相提相携,俾两民族各沐浴于自由文化,盖两民族有共同之目的物焉。其物惟何,则极大之自由,与人类之进化是也。"③会见结束后,实业团全体成员与威尔逊在白宫门外合影。

中午,美商务部长雷非儿宴请实业团。当晚,国务卿白乃安夫妇在其私邸开园游会欢迎实业团,近千名宾客参加。《申报》在《华盛顿欢迎中国实业团》中记载道:"午刻商部总长邀宴。傍晚,国务卿及其夫人在其家开园游会,男女来宾到者,不下千人。其间有一趣事,可见民国高等官吏之脱略者则当衣香鬓影纵横杂踏中,忽一躯干修伟之丈夫,挥其礼冠作不甚规则之中国语高呼而入,曰吾乃陆军总长也。皆鼓掌大笑。"④

5月27日上午,实业团参观了美国国会上下议院,又参观了海军制造厂。当天中午,美商会宴请实业团,美国国务卿白乃安出席宴会,并发

---

① 《申报》第三版"要闻一",1915 年 7 月 16 日。

② 《申报》第三版"要闻一",1915 年 7 月 16 日。

③ 《中华游美实业团游华盛顿见大总统纪事》,载《中华游美实业团报告》,商务印书馆,1916 年,第 25、26 页。

④ 《申报》第三版"要闻一",1915 年 4 月 15 日。

表了演说。《申报》登载了白乃安在宴会上的演说："余尝至中国遍游其南北，深知中国社会情状，有断非外国人所知悉者，其对于美国随处表示其亲爱，而其最足表示者有三端：其一，政体仿我美国、改用共和；其二，多派留美学生，传习美国学术；其三，厚待美国至华传教士及青年会。不惟彼此从无龃龉，且获其赞助不少。中国政体改矣，今所最需要者，厥为教育，譬之人身政体其元首也，教育其脑也。苟无脑虽有元首其何济？今列国并立，当利害冲突时，不惮用兵力解决，自吾思之譬之个人遇利害冲突，挥拳相斗何也。自吾思之，何不以军备费扩张教育，苟欲派留学生留他国者，何不移军备费以多派留学，而他国亦何不移军备费以接受留学也。中美两大国共此太平洋，若彼此提携共进，或者于世界和平问题有绝大之关系，今之所言吾盖纯以公民资格而非以官吏资格。官吏不遇暂时，我公民之本分自在耳。"①

5月28日，威尔逊邀请实业团乘其坐舰往游浮能山，谒华盛顿墓及其坟宅，舰上鸣炮致敬。实业团与中国驻美公使夏偕复各致花圈。当晚，美商会在大学俱乐部开茶话会复宴，美国国务卿白乃安再次出席宴会并发表演说。

6月1日，实业团到达纽约，在纽约停留了7天。当天上午10时，纽约市长于市政厅会见实业团，并致欢迎词。11日，实业团登上楼高56层的世界最高楼。中午，美国出口货制造家邀请实业团赴家宴，商部总长、中国驻美公使夏偕复等出席了宴会，参加宴会的共宴会700余人，大多为纽约富商，陈设宏壮美丽，张振勋在宴会上发表演说。

---

① 《申报》第三版"美国国务卿白乃安之演说"，1915年8月6日。

6月2日中午，商务研究会设宴邀请实业团，张振勋在宴会上发表演说。饭后，实业团坐车周览纽约市，并到哥伦比亚大学旁谒第18任总统格兰特墓。

6月3日，张振勋与纽约州商会会谈中美银行及中美轮船公司计划，妥订章程。银行草案规定：中美银行金额为上海通用银1000万圆，分为10万股；每股100圆，其股票由中美双方均分出售。总行设在上海，总分行设于旧金山，中国各通商口岸设立分行。董事会由在上海召集之股东大会选举产生，中美股东中各选7人组成董事部，再选中美董事各1人，分别充任上海及旧金山银行经理。中美轮船公司亦在筹组中，中方发起人为张振勋，美方由道拉汽船公司。双方关于太平洋航线之划分等项，已有端倪。①

6月4日，实业团全日坐船游纽约海湾，当晚观看了演出。

6月5日中午，基督教联合会邀宴。午后3时，邀观踢球。当晚，侨商华昌矿产公司邀宴。华昌矿产公司为湖南人梁焕彝、梁焕廷兄弟办理的。

6月6日为休息日，侨商公宴。

6月8日，实业团参观了爱迪生电机厂。平日谢绝会客的爱迪生热情招待了实业团的嘉宾，并邀请实业团在厂进餐。午餐后，又邀请实业团观讲演活动影戏，并同实业团合影。

6月10日，抵达波士顿。9时，坐车周览全市，参观了华尔山钟表厂。12时，在省公署会见省长华虚。省长致欢迎词，张振勋答谢。随后，

---

① 韩信夫：《鞠躬尽瘁死而后已——1915年张弼士率实业团访美的历史考察》，载《北京"文化梅州"论文集》，2005年。

设宴于波士顿市俱乐部，张振勋在宴会上发表演说。下午 2 时 30 分，见市长高雷于市政厅，市长邀请张振勋入议事厅市长座。当晚 9 时，哈佛大学及麻省理工学校留学生开欢迎会。在波士顿期间，实业团考察了工厂、学校。

6 月 30 日，中华游美实业团结束了访美旅程，回到了旧金山。总计张振勋一行的路线大体是：首途抵达西美，复由西美南行，绕其边鄙而抵南美，折而至中美、复折而东以达大西洋沿岸诸城，旋复折而北，绕其北境以返于西美。历时两个月，遍游 28 个州，行程 17284.4 公里，勾留大商埠 27 处，考察大工厂 200 余家。实业团所到之处，均受到美国政府、商界和人民、以及华侨华人的热烈欢迎和盛情款待，谱写了中美两国人民友谊的辉煌乐章！①

7 月 26 日，张振勋率领中华游美实业团第一批成员回国抵达上海。7 月 29 日，《申报》登载了《游美实业团启行回国》："上年各省组织赴美国报聘实业团并顺道参观巴拿马赛会，由沪会集放洋后，已历四月，现均竣事。昨日本埠各商业机关接该团正副团长张振勋、聂其杰来函云，已于本月十六日由檀香山启行回国，返沪后稍作勾留，再赴北京觐见大总统，报告此次游历美国及巴拿马赛会情形。各绅商拟俟该团抵沪时邀集各界人士开欢迎会，并闻及商部工商司长陈蔗青此次来沪，除征集国货展览会出品外，并代表该部欢迎实业团诸君。陈司长晚已至宁，日内即可抵沪云。"②

年过古稀，毅然出国，张振勋的精神令人钦仰。张振勋对美国一行感

① 韩信夫：《鞠躬尽瘁死而后已——1915 年张弼士率实业团访美的历史考察》，载《北京"文化梅州"论文集》，2005 年。

② 《申报》第八版，1915 年 7 月 29 日。

慨颇丰，从其《中华游美实业团团长张振勋呈大总统报告实业团赴美报聘情形文》便可窥探一二。"美国实业规模宏远，魄力深厚，有中国可以仿办者，有资力过巨、非中国现时财力可及者，然其大要首重农业，以天然之地产，加以人力施为、始则发明机器，利便交通，因而工厂市场，连类奋起，遇有兴作，政府尽提倡之责，工党商会，竭补助之力，上下一心，交相为用，故能野无旷土，人无游手，百业振兴，万众乐利，其对于中国感情，异常盹挚，振勋承乏报聘，周旋其间，常惧无以宣扬政府德意，窃见将来之两国，亲善提携必须从联合商情入手，故于往来酬酢，抱定宗旨，惟表示中国注重实业之真诚，为异日联合地步，略尽天职，所有美国各种实业，中国有可以仿办之处，振勋考察所得，容当随时详呈，听候采择施行。"

第七章

爱国侨领

1
侨务先驱

张振勋先后担任清廷驻槟榔屿副领事、驻新加坡总领事、商部考察外埠商务大臣、槟榔屿管学大臣，民国总统府顾问、工商部高等顾问、约法会议议员、参政院参政、广东总商会总理、全国商会联合会会长、南洋劝业会广东出品协会总理、中华游美实业团团长、全国华侨联合会名誉会长等职务，分别代表清政府和民国政府处理南洋华侨事务和侨商事务，竭诚维护华侨和华商的正当合法权益，成为跨世纪的侨务工作先驱。

光绪二十九年（1903年），张振勋向清廷上书《奏陈振兴商务条议》，指出："南洋各埠多有华商出洋贸易，熟悉中外情形，尤深明于君国身家相互维系之意，虽侨居海外，心恒不忘故土，其忠爱悃忱，朝廷深为嘉尚，迭经谕令沿海各省，于流寓华商回籍时，设法保护。各埠华商人等，凡有事回华者，均责成省督抚饬，切实保护，即行妥定章程，奏明办理，倘有关津丁役，地方胥吏及乡里莠民藉端讹诈，即予按律严惩，绝不宽待。"

光绪三十年（1904年），张振勋任商部考察外埠商务大臣兼督办闽广农工路事宜。11月，张振勋给商部写了一份奏折，将他吸收利用侨资的计划和盘托出。其主张有三个要点：第一、在工作切入点上，由于"外埠华商，籍隶闽、粤者，十人而九，其拥厚资善经营者，指不胜屈"，所以"振兴商务，尤非自闽、粤等省入手不可"。第二、在具体做法上，商部派要员周历各埠切实开导时，讲究的是"动之以祖宗庐墓之思，韵之以衣锦还乡之乐"，要拨动华侨乡情那根敏感的神经。第三、在发展顺序上，先由督办在闽粤"凑集华资，认真提倡，选择要地，筑路一段，开矿一区"，等到"著有成效昭示大信"之后，"再劝华商出其资财，承办各项公司，极力经营"，并"由南至北，逐步扩充"。张振勋的奏折得到商部赞同，并呈报光绪帝获得批准。据《清史稿》记载，宣统元年（1909 年）二月，"农工商部奏，和兰（荷兰）将订新律，收华侨入籍，请定国籍法"。反映了当时荷兰殖民者正拟通过新国籍法，限制华侨资金的外流。

光绪三十一年（1905 年），张振勋向光绪帝上书称："迭面奉谕旨以华商出洋贸易咸有不忘故土之恩，尤宜切实保护……惟查实沿海各埠关津复踏往往华商回籍，不无劣蠹役痞莠各色人等，藉端讹锁之弊，以致身家财产颠覆堪虞，言之殊堪痛恨。"身为清廷大臣"奉命任事，深感保护无方，且道里窎远，耳目有所不及"。

为保护回籍华商利益，张振勋向社会发出布告，在广州市靖海路闽广农工路矿事宜总公司下设立接待所，遴派委员接待，示仰回华众商知悉：嗣后遇有此等情事，准其随时到总公司指名禀控，无论何色人等，一经密查属实，即行奏请地方官按律从严惩办，以儆刁风，而安商贾。除礼拜日不计外，每日上午十点钟至十二点钟，下午二点钟至四点钟，华商均可以来访，无论面诉或缮禀词，悉听其便，不拘礼貌，不尚虚文。张振勋还庄重承诺："本大臣言出法随，端断不虚设。当择要详告或俟批示，决无延留。"以期达到"其旧有积习与夫胥役需索，种种弊端，犀利剔除，上下联洽，商务日有起色"的目的。①张振勋既全力在南洋招徕华商，投资兴

---

① 王明惠：《中国侨务工作先驱张弼士》，《侨务工作研究》2020 年第 3 期。

业，发展农工路矿产业，更竭力利用他的影响力和清廷赋予的权力，维护华商在国内的合法权益，体现出其拳拳赤子之心和深厚的爱国爱侨之情。

张振勋长期在南洋英荷属土地上肩负晚清侨务与涉外事务的重担，他承继了张之洞经略槟榔屿的主张，注重海港城市，紧锁马六甲海峡北部，以及作为南洋各埠交通中心的优势，在此成立深化传统文化的机构，并形成有利侨务、外交的载体。1915 年，张振勋被推举为全国华侨联合会名誉会长。

2
华侨总会

光绪三十年（1904年），张振勋被清廷任命为太仆寺正卿并充商部考察外埠商务大臣。随后，奉命率商部官员到南洋考察商务。抵达新加坡时，张振勋在同济医院召集各帮商人，劝说他们成立中华商务总会，并率先捐献新加坡币3000元作为筹备经费，获得出席者支持，很快就招募了600多人入会。

光绪三十二年（1906年），新加坡中华总商会在新加坡潮商黄金炎的私宅"大夫第"宣告成立，张振勋被推举为总董。确定以"加强华商的沟通与团结，保护新加坡华侨的利益"为商会的宗旨，将华侨、华商联合起来，增强了华侨和华商的团结，密切了华侨和华商与祖国的联系。随着后来发展壮大，会员增加到2500人。商务总会也逐渐扩大到南洋各地，总称为南洋华侨总商会。

在张振勋的积极推动下，20世纪初，中华商会和中华总商会在海外纷纷成立，成为海外华侨社会的领导中枢，负责协调华侨社会矛盾，代表华侨社会对外交涉，保护华侨和华商利益。

1910年，清政府邀请海外华商参加在南京召开的南洋劝业会，张振勋出任广东出品协会总理。在张振勋"实业兴邦"思想影响下，在其身体力行带动下，清末民初，海外华商纷纷回国投资，兴办实业。兴建了缫丝厂、火柴厂、铁路、电影院、戏院、巴士公司、电灯公司、百货公司、房地产等民族经济实业，促进了中国尤其是广东的经济社会建设发展，奠定了广东侨乡的发展基础。

张振勋以其在南洋所创造的财产在侨居地为侨胞们做了大量实事，从而树立了侨领的权威；他又以其财产在国内做了大量的慈善事业，结交清政府高官，进而与晚清政府较早建立了密切的联系。他的这种努力产生了极佳的效果。

"华侨时代"的海外客家人"大都没有加入所在国的国籍"，"他们的根在故乡，中国是他们的祖国和归宿"。也正因为如此，尽管身处他乡，却仍心怀祖国，希望国富民强，并通过这些民间社团以实际行动支持国内的社会革命，建立一个现代民族国家。①张振勋重视发起、组织海外客家民间社团，发挥这些社团在建立现代民族国家过程中的作用。

这些客商组织，包括新加坡中华商务总会，以及1822年在新加坡成立的客属应和会馆，1921年在香港成立的崇正总会，1929年在新加坡成立的南洋客属总会等。大都以文化认知为纽带，存在一种超越地域"泛华化"②倾向。

颇能说明海外客家民间社团"泛华化"倾向的一个典型案例。是1921年客家崇正总会成立时，客商李瑞琴提议："……窃谓吾人拟组织之团体，当以旅港崇正工商总会为名，不必冠以客家二字。因吾人坚忍耐劳，赋有独立之性质，所习又不与人同化，故土客之间情感不无隔阂。吾人雅不以四万万五千万之中华民族，各分畛域，故取崇正黜邪之宏义。"并不是简

---

① 丘峰：《论东南亚客属会馆的地位和作用》，《中国文化》2007年第5期。

② 惠城区政协文史委员会：《惠州文史资料》第二辑，中国人民政治协商出版社，1987年。转引自闫恩虎：《客商概论》，文汇出版社，2009年，第48页。

单的乡情组织，同时还有国家观念在其中，认为海外客家人在这类组织，实际上是为"客家精英倡导民族观念、国家观念创造了条件，更容易超越地域观念而形成全国性的民族主义意识"。①

---

①　闫恩虎:《客商概论》，文汇出版社，2009 年，第 49 页。

3

封大伯公

自光绪三十年（1904 年）九月起，张振勋向清帝请封槟榔屿的极乐寺、中华学堂孔子庙和海珠屿大伯公庙，以肯定华人信仰在当地落地生根的功绩，以及肯定清政府对海外华人的主权与保护，成功让中华文明在南洋各地生根。

据传，张理、丘兆进和马福春与一批永定人、大埔人比英国殖民者早到槟榔屿 41 年。他们于 1745 年从大埔茶阳汀江码头登船南下汕头，乘"大眼鸡"帆船出海，漂过七洲洋（即南海），荡进马六甲海峡，历时数十天，到达印度洋入口处的槟榔屿登岸，从此开始了一边捕鱼一边开发垦殖的生活。他们是当时在槟榔屿率众开发垦殖的首领，最终客死异乡而没有叶落归根。他们先后逝世后，被客家乡亲就地安葬并奉为"海珠屿大伯公"，成为当地的"地方保护神"。此后，越来越多的惠州、嘉应、大埔、永定、增城五属客家人，在这个初见繁荣的自由港落地生根，艰苦打拼，事业有成，并且引起已趋贫弱的清政府有识官员的关注。

张振勋就任槟城副领事后，除了维护侨胞利益，帮助华人办学之外，还积极贯彻执行光绪皇帝"声教南暨"之策，努力推动槟榔屿华人教育和宗教建设，借华人信仰扩大清政府在南洋的影响。

光绪二十七年（1901 年），旅槟张氏联合发起兴建张氏清河堂，张振勋捐钱捐地，同时认海珠屿大伯公张理为"嗣伯祖父"，迎入清河堂奉祀。

光绪二十八年（1902 年），张振勋提取南洋侨胞捐款 1 万两赈济受灾的山东，并借捐款之机向清朝廷请封"嗣伯祖父"张理为"大伯公"神祇，得朝廷追封"一品红顶花翎"。从此，大伯公神祇再也不是乡野杂祀，而是国朝信仰的尊神，而且，因朝廷的赐封将南洋地区侨胞的民间信仰纳入中华民族传统宗教信仰之中，得以发扬光大。

1909 年，掌管海珠屿大伯公庙理事会的惠州、嘉应、大埔、永定、增城五属客家人发起对该庙及大伯公街行宫的大规模重修。为了颂扬传说中开拓槟榔屿的先驱大伯公，在行宫的门前修剪石柱对联："我公真世界畸人，当年蓑笠南来，剪棘披榛，亟为殖民谋得地；此处是亚欧航路，今日风涛西紧，持危定险，藉谁伸手挽狂澜？"

张振勋以南洋商务大臣身份题匾"丕冒海隅"，至今仍挂海珠屿大伯公庙中。"丕冒海隅"典出《尚书·君奭》："我咸成文王功于不怠，丕冒海隅出日，罔不率俾。"其意为将势力范围拓展至海边。张振勋以朝廷命官身份送上此匾，既是为海珠屿大伯公定位，将其视为可以降福于当地侨胞的神灵，又将其视为代表华人在当地开拓主权的神圣象征。张振勋借此匾希望海外侨胞在面对殖民地"去中华化"的压力下，不但不能自我淡化，反而要发扬大伯公"至槟训蒙"的披荆斩棘精神，弘扬乃至再造中华文化。

在庙前的石柱上，曾经继张振勋担任清朝驻槟榔屿副领事的张煜南也以"钦加头品顶戴侍郎花翎"的殊荣身份题写对联，其文说："君自故乡来，魄力何雄？竟辟榛莽蕃族姓；山随平野尽，海门不远，会看风雨起蛟龙。"两位先后担当朝廷驻槟榔屿副领事的官商，各自以官衔署名，用文字表达他们对先贤英灵的崇敬，表达他们对华人开拓南洋的定位。

4
华人学校

张振勋作为侨领，出钱又出力，推动南洋华侨教育发展。光绪三十年（1904 年），身兼清政府考察外埠商务大臣、槟榔屿管学大臣的张振勋，在槟榔屿捐献英属马来亚币 8 万元创办东南亚第一所华文学校——中华学校。

4 月，张振勋及前布政使衔候选道谢荣光，先后到槟榔屿。槟榔屿副领事梁碧如"与之熟筹，速成办法，皆谓中国时局如此阽危，需材如斯孔急，若不速图，恐有迫不及待之势。乃邀同盐运使衔胡国廉、江西补用知府张鸿南、知府衔谢德顺、五品衔林汝舟、封职林克全，相与提倡，渐借平章会馆为校舍，筹款分'创捐'、'长捐'两项，创捐者只捐一次，以为买地建校购置书籍图器之费，长捐者递年认捐，以为薪修杂用工役灯油笔墨纸之需。议既定，张振勋、谢荣光、胡国廉、张鸿南及副领事各认创捐五千元、长捐五百元；谢德顺、林克全各认创捐银一千元，谢德顺又认长捐银一百二十元"。[1]

槟榔屿的闽粤绅商三次开会筹办中华学校。在第二次会议上张振勋被推选为筹办学校的 80 位总经理人之一。他与胡子春、梁璧如位列前三名，三人在当场捐献办学款。这一筹办过程在当年出版的《槟榔屿新报》上均有详细报道。由捐款数额可知，张振勋是中华学校创办初期最慷慨的捐款

① 《续广学务处照会槟城领事官函》，新加坡《叻报》1909 年 10 月 21、22 日。

人之一。张振勋以后历任槟榔屿副领事的绅商张煜南、谢春生、梁碧如、戴欣然等人，还包括其他社会上顶着清朝官衔走动的绅商，都几乎出现在捐款人名单上，分别担任里头的学校正、副监督、总理、协理。①

这间槟榔屿绅商捐款筹办的中华学校，初时暂借槟榔屿闽粤侨商设立的华人公共机构平章会馆。中华学校依据张之洞等人于 1903 年修订的而于 1904 年 1 月公布的《奏定学堂章程》办学，内里设立孔庙，是延续传统信仰文化的现代学堂。而中华学校的设置简章既是儒教为本，又强调兼通中西。中华学校的规定和课程设置，目标在回应"中国时局如此阽危，需材如斯孔急"，表达忧患之余，可以形容是"朝廷儒教南传"，其学制更是把旧式学塾尊孔忠君以制度化去加强，形构学生日常行为礼仪规范。其入学、每月例常集会、放假的规定都涉神道设教，提倡祭孔祭祖，以及祭祀各路神圣，课程则重视以儒为宗而兼学中西、以大清皇朝为奉天承运。

学校很快于 5 月 15 日正式上课，成为槟榔屿第一所新式的华文学校。正值清政府按照《奏定学堂章程》精神"立停科举以广学校"，设立学部统一全国教育行政，建议办理从小学一路到大学制度；同时不忘揭示"忠君""尊孔""尚公""尚武""尚实"等宗旨。②

光绪三十一年（1905 年 7 月），张振勋获光绪皇帝颁赏御书"声教南暨"匾额一方及一套《古今图书集成》藏书。清政府承认南洋新办学堂属于官方体制，有心接引私塾诸生回国升学。在中华学校主持受匾典礼时，张振勋慷慨陈词："国家贫弱之故，皆由于人才不出。人才不出，皆由于学校不兴。我等旅居外埠，积有财资，眼见他西国之人，在埠设西文学堂

①　陈育菘：《椰荫馆文存》第 2 卷，新加坡南洋学会，1983 年，第 262 页。
②　张俊勇：《从土秀才到洋秀才》，四川人民出版社，2002 年，第 50—52 页。

甚多，反能教我华商之子弟。而我华商各有身家，各有子弟，岂不可设一中文学校，以自教其子弟乎？"①张振勋即席捐了5万元兴学，捐常年经费1200元，获得众侨领的响应，在席上筹得10万元。

张振勋还在新加坡创办了华侨子弟学校——应新学校，后来成为当地最为有名的中文学校。在他的资助下，大埔华侨罗树棠、张让溪等人于光绪三十二年（1906年）在新加坡创办了启发学校。1917年改建时，张振勋又捐助了巨款。梁绍文在《南洋旅行漫记》中称："在南洋最先肯牺牲无数金钱办学校的，要推张弼士第一人。"张振勋的拳拳赤子之心、殷殷报国之志可见一斑。

在他的影响和带动下，槟榔屿中华学校的开办，对新加坡、马来西亚华侨教育发展起了积极的推动作用，继其后相继兴立了新加坡养正学堂、端蒙学堂、启蒙学堂、吉隆坡尊孔学堂、霸罗育才学堂，以及乐育学堂等八间华文学校，成为南洋华校的开路先锋，为南洋华侨教育发展奠定了基础。至今，马来西亚是全世界除中国之外华文教育最为发达的国家之一，形成从幼儿园、小学、中学到大学的华文教育体系。

南洋各地新式学堂的设立，是受到清末中国新学堂设立风气的影响。一般所谓的新式学堂，一个重要的指标是课程的现代化。相对教授四书五经为主的传统私塾，新式学堂除了教授四书五经外，也开设新的科目，如数学、历史、地理、物理等。

据记载印度尼西亚华侨梁密庵家族的《七代联辉》一书引用的原始资料显示，在当时荷属殖民地，当地华人建立的中华会馆和中华学校等社

---

① 陈育崧：《马华教育近百年史绪论》，载《椰荫馆文存》第二卷，新加坡南洋学会，1983年，第230页。

团，未见张振勋参与的记录。①追寻个中原因，一是他没有担任荷属殖民政府的职务，二是他在当地的商业企业以委托合作人张榕轩兄弟管理的居多。相反在槟榔屿，张振勋留下的活动轨迹颇多。

张振勋不但在南洋首先出资创办中华学校，而且，还为香港中文大学捐银10万两。在广东汕头购买楼房百余间，设置育善堂，堂产用于国内福利基金和资助外出学子读书的辅助经费。晚年还遗言捐助广州中山大学和岭南大学建校舍。其裔孙遵其遗嘱在岭南大学捐建"张弼士堂"。

① 李卓辉：《七代联辉——梁世桢家族创业兴学风雨历程》，pt.Menaravisi commerce 2010年11月，第48—5l 页。

第八章

创办张裕

1
做酒动机

多年在国外的经历，使张振勋强烈地意识到，中国的经济如果不繁荣兴旺，国家就摆脱不了被动挨打的局面。因此，他满怀着实业兴邦的美好愿望，以身作则，积极带领华侨向国内投资兴办实业。从 19 世纪末开始，张振勋在国内创办实业，开设了许多工厂。张裕葡萄酒酿酒公司是他在国内创办的数十个企业中至今硕果仅存的一家。

1892 年，中国发生了很多事，但在中华世纪坛青铜甬道上值得铭刻的，只有四件大事，其中之一就和张振勋有关。铭文写着："华侨张弼士在山东烟台创办张裕葡萄酒酿造公司。"

创办张裕，是张振勋一生最大的成就，也是他在回国投资创办的企业中最成功的一家。而动机竟然来自一个偶然听到的故事。

同治十年（1871 年），有一次，时任巴城商务领事的张振勋与荷兰友人拉辖参加法国领事举办的酒宴。席间，人们对所饮法国三星斧头牌白兰地名酒大为赞赏。法国领事为此大赞法国葡萄酒，告诉大家这酒是用法国波尔多地区盛产的葡萄酿造。

法国领事对张振勋说，如用中国山东烟台所产的葡萄酿造，酒色也并不逊色。中国天津、烟台一带气候、环境都适宜葡萄生长，用那里的葡萄可以酿造出优质葡萄酒。

张振勋问："此话怎说？"

　　法国领事犹豫片刻后说："咸丰之役，伊随法兵进天津，有人将其地葡萄用小机器试验，欲在彼处设立公司种植造酒，后因战事媾和，将地交还，事不果行。"当年八国联军入侵中国时，这位法国领事也是其中一员。法军驻屯天津附近时，他曾与其他士兵一起到烟台采集了大批葡萄回营，用随军携带的小型压榨机压汁酿造，味道香醇，可与法国白兰地媲美。当时，法国官兵曾议论瓜分中国领土时，法国要力争山东，好在烟台设厂酿酒。

　　曾经经营过酒行的张振勋听后大为震惊，将此事牢记心中！

2

考察烟台

　　光绪十七年（1891 年）夏天，清政府督办铁路大臣盛宣怀邀请张振勋到山东烟台商议新办铁路开采、矿藏的事。烟台开埠以后，中国民族商业受到外国资本主义的打压而处境艰难。而张振勋一直主张"主权自掌，利不外溢"，并把"生为中华民族，当效力与中华民众"作为座右铭。[①] 所以，"洋务派"希望民族工商业者能够进军烟台，以扭转外国资本一手遮天的局面，他们自然想到了张振勋。

　　张振勋欣然前往。盛宣怀请张振勋到宾馆住下来，然后带他四处参观。结果张振勋看后心想："在烟台做港口，生意恐怕不会好；开矿呢，兴趣也不是很大。"他突然问了一句话："我可不可以在这里种葡萄？"盛宣怀愣了一下说："你再讲一次。"张振勋说："我可不可以在这里种葡萄？"盛宣怀说："可以。我可以给你一千亩的荒山种葡萄。我想请问你，你种葡萄想干吗？"张振勋说："我想酿葡萄酒。"在谈话中，张振勋提起那件旧事。

　　盛宣怀说："好吧，你既然不想开矿，不想做实业，那你就酿葡萄酒吧。"盛宣怀也早有这个想法，他认为烟台一带葡萄出产丰富，价格低廉，很适合建葡萄酒厂。两人不谋而合，便细细商议起此事来。盛宣怀说："最困难的是缺少高水平的酿酒师。"张振勋说："酿酒师可以聘请，不足为虑。

---

　　① 何川江:《风雨商路·中国商人 5000 年》，中国民主法制出版社，2009 年，第 355 页。

麻烦的是酒瓶无从供应。"盛宣怀告诉他："上海已建立了玻璃厂，可以解决酒瓶问题。"一席话使张振勋信心大增，当即决定投资，在烟台创办葡萄酒厂。盛宣怀的一句话，成就了一代葡萄酒王，也给了张裕葡萄酒一个出世的机会。

张振勋遂与盛宣怀谈及在烟台建厂酿酒设想，并借此机会对烟台进行了全面考察。看到这里南山北海，土壤肥沃，气候宜人，确是种植葡萄的好地方，又是开埠口岸，交通便利，有良好的投资环境。

当时的烟台，马路上跑的主要运输工具是人拉的木板车，俗称地排车。劳动力市场，那时叫功夫市，每天都有成堆的男人守在那里等候着被雇用。工钱很便宜，夏季麦收最忙的季节，干一天顶多三毛钱，如果淡季只要管饭就有人干。位于罗锅桥工业区的厂房大都是低矮破旧的房屋，时有沉闷的号子声从里面传出。

一日，张振勋随陪同人员来到一家油坊察看。只见破旧的门窗内，数名赤着肩膀的工人围着一堆破旧沉重的铁板，一边一道一道地往下拧着螺旋，一边齐声喊着号子。随着号子声，铁板内的花生米被挤压出了油，流淌到了地上的铁桶里。如此原始的劳动工具和繁重的体力劳动，竟然发生在一个开埠了20多年的城市里。张振勋内心一阵酸楚，他颇为疑惑当地的厂主为什么不懂得使用先进的设备解放劳动力，为什么不明白唯有先进的设备才能生产出更多更好的产品，创造出更丰厚的财富。感叹落后的同时，他也看到了商机。

3

创办酒厂

张振勋考察完毕返回南洋后立即开始着手筹措，并随即决定前期投资 200 万两白银建厂，后又再投资白银 100 万两用作流通资金。

与此同时，张振勋积极寻求清政府的支持。张振勋是个精明的商人，他深知只有金钱资本还不够，要使酒厂能够发展，很重要的是必须打通官场关系。于是，他开始了积极的公关活动，跟红极一时的盛宣怀和李鸿章来往密切，献银 30 万两以贺慈禧太后大寿。

光绪二十一年四月（1895 年 5 月），张振勋禀请天津海关道盛宣怀专呈北洋大臣、直隶总督部堂王文韶："拟请援照西例，该厂既设，准其专利三十年。凡奉天、直隶、东三省地方，无论华洋商民，不准再有他人仿造。必俟限满方准另设。并准以运酒出口之日起准免税厘三年。"[1] 二十四日，署直隶总督王文韶"拜发"《招商试办酿酒公司折》。[2] 王文部汇报说："现拟招商试办酿酒公司，以收利权，并请准其专利及暂免税厘。"清廷"下所司议"。[3] 二十六日清廷上谕，批准了该奏议。同年八月初四日，张裕奉旨正式"开办"。[4]

"奉旨开办"表明，作为华侨在国内投资的民族企业先驱，张裕从其

---

① 夏东元编著：《盛宣怀年谱长编》上册，上海交通大学出版社，2004 年，第 483 页。

② 袁英光、胡逢祥：《王文韶日记》下册，中华书局，1989 年，第 891 页。

③ 《清德宗实录》第五册，中华书局，1987 年，第 817 页。

④ 中国史学会主编：《洋务运动》第七册，上海人民出版社，1961 年，第 582 页。

创办伊始便确实得到了从地方直到中央最高层的各级政府的重视和支持。从企业与政府的关系看，"中日甲午战争前，商办企业始终没有获得清政府的正式承认，处于听任地方封建势力摆布的地位"。因此，张裕之获取专利或许可看作清政府转变此前工商业政策之开始。

治事精核的李鸿章一眼看出了张裕是块耀眼的金字招牌，他认为，专做洋酒的张裕公司，一旦投入运营，巨额的投资、庞大的阵势都足以给北洋新政套上一道闪亮的光环。于是，他对张振勋自然格外关照，如同家人。张振勋的侄子张成卿作为张裕酿酒公司第一位总经理，也享受了特殊礼遇。他到天津谒见李鸿章，不必门前等候，青衣小帽，直入府中，谈笑犹如家人，旁观者无不咋舌艳羡。

为建原料基地，张振勋目光远大，不畏艰辛。他在烟台购买了烟台东西南三面丘陵地数千亩，辟山造田，建成了3000亩的葡萄园。同时，他还写信回家乡，召集张氏子弟和亲戚来做帮手。为了达到一流生产的目的，张振勋特地聘请了美国工程师卫林士、日本工程师小松等参与兴建厂房、酒窖，进口最先进的酿酒设备，定制机器。

同年，以其姓氏"张"开头，以"裕"取意祖国昌隆兴裕的"张裕葡萄酿酒公司"正式命名并投产。这是中国历史上第一个葡萄酿酒公司。张振勋之所以用"张裕"命名这个酒厂，有两层含义：一是取丰裕富足之意。他创办的企业多喜欢用"裕"字，如裕和、裕昌、裕兴、福裕等。二是他特别看重这个酿酒企业，故在"裕"字前面冠以其姓。这也是张振勋旗下唯一一家冠上他姓氏的公司，从中也可以看出他对"张裕葡萄酿酒公司"的重视。他亲自书写了金光闪闪的大字招牌，高高地挂在了大门上。另一说是，光绪皇帝的老师翁同龢当时名满天下，学问高人一筹，书法又精到。张振勋动了请他题写厂名的念头。翁同龢知道张振勋非等闲之辈，乐得送个人情，当下大笔一挥，朴茂凝重、气韵天成的"张裕酿酒公司"招牌写就。并且，这次特意破了格，每字仅收白银 50 两。6 个大字镌刻贴金镶嵌在公司大门上方，透着不同凡俗的富贵大方气象。

张振勋开创了中国工业化生产葡萄酒先河，也拉开了烟台近代工业发展的大幕。这和他在国内投资创办的其他企业一样，张振勋开设酿酒公司的目的是为了和洋人争夺利权，以实业兴邦。至此，张振勋迈开了走向酿酒大王之路的第一步。

他在办厂手记中写道："西国进口酒税最重，今烟台地土既宜，办理亦著成效，酒既美，价亦廉，南洋诸岛屿将皆购之于我，昔日堵塞漏卮而不得，他日广销场面而有余。""先行自各资本，经已购齐。今再核定章程，招募股份，设立公司，以符奏案体制。将来大著成效，渐渐推广，所以，兴本国自有之利益在此，所以，挽历年外溢之利权者，亦在此也。其于国计民生岂有穷哉！"所以，尽管"备历艰阻"，"掷无数之金钱，耗无量之时日"，他仍心甘情愿，"不负初志"，为创办张裕殚精竭虑。①

光绪二十四年（1898 年）五月，经王文韶面奏，清廷谕令：着荣禄饬令张振勋等"即行照案举办，但使制造日精，销路畅压，自可以暗塞漏卮，务令该员等各照认办事宣切实等办，以收成效，仍将如何办理情形由荣禄随时奏报，将此令知之"。②张振勋创办张裕已被认定是挽救民族利益而"暗塞漏卮"的重要举措。

从"奉旨开办"到清廷谕令荣禄调研，张裕终于取得了清政府的重

---

① 史全生:《民国实业家列传》，凤凰出版社，2018 年，第 10 页。
② 《清德宗实录》第五册，中华书局，1987 年，第 509 页。

视。张裕的开办资金完全由张振勋个人所承担，张裕的生产经营也并非"由政府大官僚及其所委派的总办等直接管理和控制"，而是由张振勋"自行负责经营管理"。因此，它具有强烈的"个人资本主义性质"。① 从其发展看，张裕是洋务运动尾声阶段②民族企业开始受到清政府重视和肯定的表现，成为从洋务运动过渡到晚清新政的民族企业的代表。

山东烟台张裕葡萄酒公司是近代中国崛起的一家著名的民族企业，在中国早期现代化史上具有重要的地位。张裕的创办虽说肇始于1891年，却是晚清政府甲午新政中振兴经济的重要事件，是"奉旨开办"的典范企业。

---

① 黄逸平:《近代中国经济变迁》，上海人民出版社，1992年，第266、267页。
② 夏东元:《洋务运动史》，华东师范大学出版社，1992年，第460页。

4
重视原料

张振勋狠抓原料开发工作，为酿制优质葡萄酒创造良好条件。有了高产优质的葡萄，才能生产出高质量的葡萄酒。通过实地考察和外国专家的分析，张振勋发现，烟台本地的葡萄虽然质量优良，但品种单一，出酒率不高，酿出来的葡萄酒也味道不佳。因此，他一面把葡萄园面积扩大至1000余亩，一面多次派人赴法国、德国、意大利、奥地利，以及美国购买100余万株、124个品种的优质葡萄苗，经过反复试验，并与国产葡萄嫁接，终于栽培出上好的葡萄酒酿制原料。最后，建成了有35万株、9个优良品种的5个大型葡萄园。

据说，他从美国买回葡萄种苗，聘请美国园艺技师指导培植。但3年之后，只见枝叶茂盛，不见葡萄果实。遂再选种试种，这次虽有结果，但实如黄豆，青硬苦涩，不堪入口，又不能酿酒。这使张振勋想起了德国、丹麦技师的"中国的土地种植的葡萄不能酿酒"的断言。当然，这一断言，他并不轻信，几番挫折，也不灰心，他主张科学实践，他就不信烟台的葡萄不可以酿酒，大面积就种不出能够酿酒的葡萄！

光绪二十二年（1896年）冬，张振勋致函奥地利首都维也纳，购葡萄秧14万株，次年夏运到烟台，约存活3/10。当年冬天，又购买50万株，光绪二十四年（1898）夏运送到烟台。就在这一年，张振勋对所种植的葡萄做了精确的估算：当年估计可种葡萄200亩，到1899年可再种200亩，且整个公司已经规模初具，所有应用器物已由他先行自备资本购齐。展望未来，他信心满怀。他重新核定章程，决定召集股份，设立公司，并将此章程禀报了直隶总督王文韶。

1906年8月4日，张振勋向商部呈上了《奏办烟台张裕酿酒有限公司章程》，他重新回顾了张裕的创办历程。他说：自甲午开办以来"掷无数之金钱，耗无量之时日、乃能不负初志。然则办事坚忍之力。顾可少乎"。[①]

因此，在又一次出国之机，他再次选购了大批良种葡萄，并买回智利化学肥料。回国后，请土壤行家分析化验土质，进行土壤改良，终于获得成功。同时，还培育了"红玫瑰""羊乳葡萄"等名贵品种。

在葡萄园的经营上，他采用了新式管理法。派专人管理土壤调理、施肥、品种改良及病虫害防治。为了符合酿酒的要求，人工控制葡萄的结粒过程，每年都对不同品种的葡萄的生长、结果、收成情况做详细记录，供以后改进栽培时参考。剪收葡萄以前，先采样化验，而后分类剪收。这样，就为酿造出各种类型的优质葡萄酒提供了有效的原料保证。

---

① 张振勋：《专件·奏办烟台张裕酿酒有限公司章程》，《商务官报》1907年第2期，第33—35页。

5

修建酒窖

张振勋投入巨资建成占地 61 亩的厂房。经过缜密选址，张振勋选择了大马路北面的海岸路。这里毗邻大海，又靠近东河，排水运输都很方便，是建造酒厂的最理想之处。厂址选好后，张振勋决定把厂房建成三层楼高。他要让从海上来的人远眺烟台时，最先望见的便是高高耸立于海边的张裕；而踏在地面上行走的人，则需仰视，才能观其全貌及雄壮。

经过精准设计，张裕酒厂于 1894 年破土动工。然而，动工不久，甲午战争爆发。英、法、美、德约有四五十艘军舰聚泊烟台就近观战。本埠好多商人见此阵势，纷纷往青岛一带转移。面对仓皇逃离的商家，张振勋泰然自若、纹丝不动，他要誓与大酒窖共存亡。后来，除办公楼外，他还修建了车间、库房、发电厂、玻璃厂、铁工厂、木材加工厂。

此前，张振勋已经让张成卿和亲戚朱寿山等到法国等地学习酿造葡萄酒。当厂房建造好后，张振勋马上从法、意、德等国引进当时最先进的全套酿酒设备，包括压榨机、蒸馏机、发酵机等，实现"一条龙"生产。

1905 年开始，为了使葡萄酒保持恒温，张振勋聘请德国优秀工程师设计了总面积为 1976 平方米、深 7 米的特大型酒窖。为了建造世界一流的地下酒窖，张振勋聘请了毕业于槟榔屿西韦亚斯学院、主修工业制造和土木工程的侄子张成卿做工程师。张成卿当时官位已做到四品，但为助叔父一臂之力，毅然辞去官职，来到了当时只有一个镇子大小的烟台，令张振勋万分感动与敬重。

张成卿是张振勋可信赖的得力助手，身兼总董、翻译、工程师等职。在建造酒窖的过程中，德国工程师两次失败，第三次营建由张成卿挑起重任，但他也失败了。由于长期积劳成疾及连遭失败的打击，以致张成卿致身心交瘁，吐血不止，但张成卿仍不甘罢手，执着地干，亲自修改第四次设计和施工方案，其时他已病情恶化，还让人用手推车推上工地巡视。

酒窖经多次改建，直到 1908 年才达到设计要求。酒窖在离海岸 300 米的地方修建，窖顶为连拱形，采用石头发碹，墙壁用大块青砖和水泥石砌成，四季恒温，保持在 11℃左右，为酒的贮存和发酵提供了适合的温度。窖内纵横着 8 个幽深的拱洞，能够容纳数百只贮满酒的橡木桶。其中 3 只可容纳 15000 公升的橡木桶，被称为"镇窖之宝"。

大酒窖竣工那天，张成卿带领张裕全体职工敲锣打鼓地推着自己制造的宣传车走上街头宣传，同时，热情地向围观路人发放张裕特制的赠品酒。一时间，张裕葡萄酒火爆了整条烟台街。

就在张振勋踌躇满志地要把张裕葡萄酒打入国际市场时，为张裕立下汗马功劳的张成卿却因积劳成疾住进了医院。为了医好他的病，张振勋请来了最好的医生，用上了最好的进口药。但是，病魔还是无情地夺走了他年轻的生命。病逝时张成卿年方 42 岁。（另一说是，酒窖胜利竣工喜庆之日，他就去世，年仅 40 岁。）张振勋闻讯，悲痛至极，除将留作自用的名贵棺木赠予爱侄殓葬外，还特地从南洋奔赴烟台，举哀痛悼。

酒窖内的橡木桶都是张裕工人自己动手制作。酒桶选用马来西亚优质白橡木制成，十分坚固，以防止酒发酵过猛致使酒桶爆裂。为了制作出高水准的橡木桶，同时，也为了培训出一支高素质的工人队伍，张振勋面向社会公开招聘技术工人。一直以来，张振勋都视产品质量为生命，视工人为财富。他常说，没有工人们的辛勤劳动和付出，就没有他的实业。因此，技术上他对工人严格要求，力求做到精益求精，一丝不苟；生活上，他待工人就像待亲兄弟一样关心和爱护。一年365天，每一天他都会备好常用药品放到守卫室，以方便患病的工人自己去取。他的这分真诚呵护，换来的必然是工人们在生产上的加倍干劲和努力。

对于酒瓶的来源，张振勋也动过不少脑筋。当初盛宣怀曾答应由上海玻璃厂供应张裕公司酒瓶，但张振勋考虑长途运输不便，质量也未必可靠，想从日本引进，却发现日本的酒瓶价高质次；想到欧美购买，发现其质量虽然上乘，但价格昂贵，而且运输不便。思虑再三，他最终在酒厂东面创办了一家玻璃制造厂，主要生产张裕公司所需之凹底和平底酒瓶，兼产平板玻璃、玻璃管、药用玻璃容器、餐馆所用玻璃器皿等。此外，他还为公司附设了以铸造瓶模，及以机械维修为主的铁工厂，和以加工酒类包装箱为主的木材加工厂。

此外，他注意吸取中国传统经验，借鉴西方先进企业管理方式，来加强张裕酿酒公司的经营管理工作，并对生产成本进行严格核算，注重资本的规模效益。

张振勋具有浓厚的开放意识，公司创建即以公司制形式运营，这在120年前的中国可谓少之又少。张裕酿酒公司成为中国最早采用现代化科学技术酿造葡萄酒且具有完整体系的企业。张振勋红红火火地建造了中国第一个，也是亚洲最大和世界第三大的葡萄酒工业园基地。

6

五易酒师

当时，我国关于酿造葡萄酒的工艺技术几乎是一片空白。虽然，张振勋曾经经营过酒行，但毕竟与造酒不同。筹办公司伊始，张振勋曾请中国酿酒师从史籍文献中寻求葡萄酒酿制工艺，以便试酿，但一无所获。无可奈何之际，为了酿出上等美酒，不得不把希望寄托在外国酿酒师身上，他写信给西方的酿酒专家，详细了解酿制葡萄酒的技术等事项，并重金聘请西洋酒师来酒厂指导。

光绪十九年（1893 年），他在新加坡经朋友介绍请到一位英国酒师俄磷，当即与之订立了为期 20 年的聘用合同。第二年夏，他派人陪同俄磷携带酿酒的小机器取道上海赴烟台准备试酿。行至上海时，俄磷因突发牙痛就医，在拔牙过程中不幸身亡。这令张振勋十分沮丧。他觉得公司尚未开业，就失去酒师，实在不是个好兆头。

不久，他的家庭医生、德国人希尔向他推荐荷兰人雷德勿为酒师。这人自称是荷兰皇家酿酒学校的高才生，其实是个骗子。张振勋信以为真，聘请他到烟台试制葡萄酒，自己又回到新加坡去处理南洋事务。雷德勿费时近一年，才拿出样品来，还自吹自擂，号称自己一辈子没酿过这么好的酒。这使张振勋生了疑心，他请来英国、荷兰的专家鉴定雷德勿的成果，结果表明，酒的力度不够，发酵不充分，雷德勿根本不懂酿酒。化验师对他说："葡萄质量相当好，可惜还没有成熟。酿酒技术太差，且酒料的调配不当。你的酿酒师根本不懂得酒该怎么酿。"张振勋怒不可遏，立刻辞退了这个骗子。

但听到专家对烟台葡萄的肯定，张振勋信心更足了。他写信到美国，才买了有根葡萄 2000 株。他说："已有把握，再集股份、立公司以垂久远。"[①]

1896 年，经奥地利驻新加坡总领事介绍，张振勋又聘请了奥地利酒师哇务。张振勋对哇务进行了认真地观察和考验，相信哇务不但酿酒技术精湛，而且为人忠诚老实，于是把酿酒重任托付给他。此人年过五旬，技术高超，帮助张振勋扩大了葡萄园，建成了厂房，购齐了设备。哇务到烟台后，发现当地所产葡萄虽好，但种植不得法，葡萄含糖分不足，以致所酿葡萄酒味不浓、酒劲不大，便建议张振勋从西方引进"雷司令""大宛香"等优良品种，还对原有品种进行改良。

张振勋遂从西欧引进 120 万株葡萄苗，他派侄子张子章（中国第一代葡萄酒酿酒师）到欧洲购买品种优良的葡萄苗。由于在运输途中保护得不好，葡萄苗被暴晒枯萎，损失了十几万元。张振勋虽很痛心，却鼓励侄儿："胜败乃兵家常事。你再到欧洲去买 120 万株葡萄苗回来！"又再次引进 120 万株葡萄苗。

他把两次引进来的葡萄苗，分别栽种在东山和西山的葡萄园里。从葡萄园的土壤调理、肥料施用、品种改良到病虫害的防治，均采用新式管理方法，并结合酿酒的要求，对葡萄结粒实行人工控制，分类剪收。经过几年的辛勤培育，终于建成了占地千亩、有 124 个品种的葡萄园。

---

① 中国史学会：《洋务运动》第 7 册，上海人民出版社，1961 年，第 582 页。

收获的季节到了，一串串葡萄像珍珠，又像玛瑙。吃起来清香甘甜的是"玫瑰香"，略带山葡萄野味的是"玛瑙红"，看上去翡翠般碧绿的是"李将军""贵人香"，粉红的是"龙眼"，黑紫的叫"蛇龙珠"。张振勋对烟台葡萄"玫瑰香"情有独钟，他让哇务以此为原料，酿出了有名的"玫瑰香"红葡萄酒，再以白葡萄为原料，加上一些中药材酿成了"味美思"白兰地葡萄酒。

但就在公司即将投产之时，哇务却因年老多病无力承担酒厂重任而告老回国了，公司顿时陷入困境。

可好的酿酒师到哪去找呢？张振勋连气带急大病了一场。在他卧病在床的时候，交情颇深的奥匈帝国驻烟台领事巴保爵士来看望他。两人在聊天时，张振勋把自己的苦恼告诉了巴保。巴保听后哈哈大笑，说："你信不信，你面前的这个人就是一位天才的酿酒师。"原来巴保家世代酿酒，他的父亲曾经发明过一种糖度表，被称为"巴保糖度表"（亦称"克洛斯特新堡糖度表"），至今还在世界葡萄酒行业中使用。巴保1862年生于维也纳，从小便跟随父亲学了一套酿酒的好本领，十分喜欢酿酒，酿出的酒又醇又香，还持有奥匈帝国政府颁发的酿酒师证书。这个意外的发现让张振勋大喜过望。他当场诚恳聘请巴保来帮助自己。巴保见张振勋对酿酒事业如此重视，又如此尊重自己，立刻表示愿意辞去外交官职务，到张振勋的公司，助他一臂之力。

光绪二十二年（1896年），巴保果然辞去了领事官，职任张裕的酒师，一心一意地协助张振勋办厂。这一年，张振勋又请侄孙张世知任总工程师，请精通英语的侄子张成卿出任张裕酿酒公司第一任总经理，组建了张裕葡萄酿酒公司的班子，与巴保合作筹建制酒厂。

巴保的加盟，让张振勋从郁郁中振作起来，甚至有一种重生的感觉。为了让巴保能够有更多的时间研制葡萄酒，张振勋动员他把办公地点搬进了张裕。在巴保的精心研制下，张裕白兰地诞生了。

白兰地配方虽然研制出来了，可是，原料葡萄却没有解决。深知唯有好的葡萄才能酿造出优质葡萄酒的张振勋立即派技术人员去法国购买葡萄苗。然而，买回来的葡萄苗因水土不服很快出现了烂根。为了解决烂根问题，巴保提出了把洋葡萄与本地山葡萄进行嫁接的大胆设想。

苍天不负有心人。在巴保的指导和张裕技术工人的努力下，嫁接的葡萄成活了。数年后，望着满山成熟的葡萄如紫色珍珠一般镶漾在绿色海洋之中，于阳光下熠熠闪光，散发出香甜的芬芳。此时，张裕葡萄酒已经美誉天下，但是，张振勋依旧没有忘记"严谨"两个字。每天晚上他都要做札记，对每一笔过往的账目进行仔细查看。他告诫自己，一个大厂如果不算账，不算细账，像官办的大员那样不经事不问事，最后不倒闭破产才是怪事。

后来，张振勋接受巴保的建议，引进各种先进的生产设备，如葡萄破碎机、橡木发酵桶、红白葡萄贮藏桶、调配葡萄酒和白兰地的橡木桶、铜质的连续杀菌机、白兰地间歇蒸馏机和壶式葡萄皮蒸馏机等。这是继西汉、盛唐以来，又一次对葡萄、葡萄酒及生产技术、机械设备等的引进，并奠定了中国葡萄酒工业化的基础。

巴保带来了先进的酿酒技术，他酿制的白兰地、红葡萄酒、白葡萄酒等15种产品，至今仍在张裕的产品结构中占主导地位。但他很保守，每当发酵配酒时，总是支开其他人。张振勋派人跟班多日也无法学到配酒秘诀。巴保在张裕公司一直干到第一次世界大战爆发，才奉调回国。

临走前，巴保把意大利酒师巴狄士多奇介绍给张振勋。这位酿酒师不但对酿酒技术守口如瓶，而且恃才自傲，生活上处处要求奢侈的待遇。为了不得罪他，以便得到酿酒的关键技术，张振勋一一满足他的要求。但这位酿酒师一直不肯传授酿酒秘诀。

1914 年的中秋节，张振勋大摆宴席，在酒宴上大肆吹捧巴狄士多奇，令其飘飘然失去戒心，并用"美人计"将其灌醉。巴狄士多奇在酩酊大醉、神魂颠倒之际，终于失口吐露酿酒秘方。张振勋叫人用笔记下之后，又派人背着巴狄士多奇按图索骥进行试制，果然酿的酒与之相同。张振勋随即将巴狄士多奇解雇，任命已熟谙全套酿酒技术的张子章和朱寿山两位中国人为酿酒师。[①]

---

① 史全生：《民国实业家列传》，凤凰出版社，2018 年，第 12 页。

7

酒香扑鼻

张振勋志在创造出独具特色的名酒，经过一番艰苦努力，1896年，张裕酿酒公司终于开始出酒，选用优质葡萄，酿制成色香味具臻上乘的白兰地，色泽金黄透明，酒质甘醇幽香；用当地的"玫瑰香"葡萄为原料，酿成了色如红宝石、气香味醇、甜酸适口的玫瑰香红葡萄酒；以白葡萄为原料，参照中国传统药酒工艺，加入肉桂、豆蔻、藏红花等药材，酿成有滋补价值的味美思白葡萄酒（亦称琼瑶浆，后改名为味美思）。

在张振勋的努力下，张裕公司美酒的品种越来越多，质量也越来越好。为了确保酒的质量，公司所产之酒一般要贮存5年左右才上市销售。而且每隔一年就将酒换桶，除去桶底结体沉淀物酒石酸，以使酒液澄清透明。贮存年份越久，换桶次数越多，酒味就越香醇可口。据说，张裕公司最好的白兰地要贮存40年，红星高月白兰地存放时间要达16年。

经过20多年的拼搏，1914年1月20日，注册商标"双麒麟牌"葡萄酒横空出世。张裕公司的产品最初仅有白兰地、葡萄酒两种，到1928年增到16个品种。张裕葡萄酒只用了短短20年就发展成这样，不能不说是个奇迹。然而，张振勋对这些并不满足，他要向全世界证明自己酿的酒是世界上最好的。

1914年2月18日，山东烟台张裕酿酒有限责任公司正式向民国政府农商部税务处注册，其资本2万元，营业种类是酸制葡萄酒。5月1日，张裕葡萄酒正式开售。至此，张裕克服了各种困难，取得了全面的成功。

张裕的成功确实来之不易。从 1895 年投资创办至 1914 年正式开售，将近 20 年。若从 1871 年张振勋萌发在烟台酿制葡萄酒的想法开始，则已经整整 43 年！几经艰辛曲折，几多挫折和无奈，张振勋克服了从南洋到烟台万水千山的阻隔，留下了卓绝的创业精神。

张裕酒的面世又给中国的传统名酒行列增添了新的品种。1922 年，张裕的产品增有琼瑶液（后改名为味美思）、益寿浆、白玫瑰香、大宛香、贵人香、佐谈经、品骊珠、夜光杯、正甜红、红玫瑰香、醉诗仙、玛瑙红、樱甜红等 14 个品种。在国内，张裕所产的金奖白兰地、味美思和红玫瑰香与贵州的茅台、浙江的绍酒、山西的汾酒等被举为中国八大名酒之列。

张裕葡萄酒声名与日俱增。一时间，欣闻祖国有了大型葡萄酿酒企业，国内外名流纷至沓来，慕名参观张裕公司，向张振勋学习他的成功之道。张振勋为此在东山葡萄园高岭处建起一座豪华的别墅，青砖灰瓦，北望大海，南依青山，四面葡萄环绕，风景绝佳，以款待华侨人士和国内贵宾。

8
苦心经营

张裕酿酒公司正式开工投产了。从那以后，张振勋天天泡在车间，狠抓产品的质量。哪怕是一个微小的环节，他都不放过。他对工人说："张裕这个牌子我们砸不起啊！"

张振勋非常注重广告宣传，促进产品销售。当时，国内上层人物以饮洋酒为阔绰，饮茅台、汾酒为体面。因而国内市场上畅销的白兰地、葡萄酒大多为西洋产品。而张裕公司的本土葡萄酒初来乍到，几乎无人问津。要让国人识得张裕美酒的"庐山真面目"，就得和洋酒争高下。而普通老百姓平时都喝高粱酒，谁也喝不惯张裕的葡萄酒和白兰地。张振勋考虑了几天，终于想出了办法。

张振勋开始大做广告宣传，以提高产品知名度。除在报纸、杂志上刊登广告外，还在车站、码头等人口密集场所竖起大幅宣传画，全中国满大街都出现了张裕公司的广告。上海一家报纸曾悬赏500大洋公开征集对联，上联是"五月黄梅天"，而重金悬赏的下联就是"三星白兰地"。谜底揭开时，人们才恍然大悟，这下联竟是一种酒名。

每逢节日，大卡车载运装饰精致、令人瞩目的酒樽招摇过市，并同时将小瓶葡萄酒分发给路人品尝。这样就大大提高了产品的知名度，取得了极高的社会反响。另外，印制许多精美的宣传小册子，配上名人题词，到处散发。其宣传词句多着眼于祛病强身、滋补养颜之类，以迎合顾客的心理。饭店和商场里，张裕的产品堆得满满的，到处都是请人免费品尝张裕白兰地和葡萄酒的推销员。还特制印有"张裕酿酒公司敬赠"字样的酒杯、餐具等器皿，赠送给酒楼餐馆。

与广告宣传同步，张振勋建立起全国性的销售网，在上海、广州、汉口、天津、哈尔滨等大城市设立销售公司，在中小城市设立许多分销点、代销点。

不仅如此，张振勋一直亲力亲为地推销张裕葡萄酒。当时，北京东交民巷是外国使馆区，他在北京任职期间，经常身着便服带着侍从到东交民巷各餐厅酒楼，每每指名要喝要张裕公司的葡萄酒和白兰地，边饮边高声向其他客人称赞酒的品质。每次入座当侍者把酒送到餐桌上，他便缠着侍者问："你喝过这种酒吗？我走遍天下从没喝过这样的好酒，真是举世无双的好酒！来一杯，尝尝看！"他又会斟满一杯让侍者品尝，要侍者连连称好酒才会放人家走。

那时，张裕酿酒公司北边的海上停了不少外国军舰。张振勋当然不会放过这些"识货"的顾客，于是就摇着舢板，先送一些酒给外国士兵免费尝试，士兵们很欢迎。等他们习惯张裕葡萄酒的口味后，张振勋就停止免费尝试。此时，士兵们的酒瘾发作，自然舍得掏腰包，酒的销量一下子就上去了。当年有个士兵贪喝张裕白兰地，迷迷糊糊地掉进海里，同伴们连忙救人，一时乱作一团。谁想这个士兵一会儿就扶着舢板爬了上来，还直冲大家做鬼脸。士兵们虚惊一场，就送给张裕白兰地一个绰号——难醉易醒酒。

张振勋还利用自己在华侨界的声望，亲自到南洋地区宣传。为了打开国际市场，他印制了大量的宣传品，先在南洋华侨中宣传张裕酒，后采用了向华侨赠送的方式扩大产品的影响，使得张裕葡萄酒品牌深入人心。这样张裕葡萄酒便从南洋销往海外，很快就名扬海外，从南洋诸岛到加拿大、中美洲等地方，都倍受广大华侨的喜好。

经过一段时间的努力，在这些强大的广告攻势下，就这样渐渐地一传十、十传百，张裕酒的名声越来越响，销路也越来越广，销量直线上升。甚至逢年过节，家家户户以喝张裕葡萄酒为时尚，就连新女婿上门拜见老丈人，也要拎上两瓶张裕葡萄酒才被允许进门。张裕公司的产品不但风行全中国，受到上流社会和市民阶层的普遍欢迎，还占领了东南亚的市场，远销到南洋诸岛、南亚、日本、朝鲜、俄国、美国、加拿大及中、南美洲等。

9

名留史册

张裕葡萄酒在 1910 年江南劝业会展和山东出品协会展览会上，获得"超等文凭"奖和优等金牌。张裕生产的高月红葡萄酒于 1914 年 10 月在山东物品展览会上获褒奖银牌。

1914 年，南洋劝业会和上海招商会在南京举办商品陈列赛会，张裕葡萄酒获得最优等奖章。民国政府为此授予张振勋二等嘉禾勋章，并特许免除张裕公司注册厘税。从此，张裕公司的白兰地、味美思、红玫瑰香与茅台、绍兴酒、西凤、汾酒、泸州大曲并称为中国八大名酒。

张裕葡萄酒名留史册的最大原因，是在巴拿马太平洋万国商品博览会（"世博会"前身）上的出色表现。1915 年，著名的巴拿马运河竣工。1915 年 4 月，年逾古稀的张振勋被中华民国农商部任命为"中国游美实业团"团长，应美国总统威尔逊的邀请，率团赴美签订中美银行合约和筹备在中国的北京、上海与美国的纽约、三藩市成立中美合资的第一家国际金融机构。

张裕酿酒公司送展了可雅白兰地、红葡萄酒、味美思和雷司令 4 种葡萄酒。没想到此次参展正应了中国的古话："藏在深屋无人知，一朝揭纱天下惊。"在博览会上，张裕酒一举夺得了一个金奖和三个优等奖！也因此故，获得金奖的"可雅白兰地"此后便一直被称作"金奖白兰地"。这是中华民族的产品在世界上获得的第一块金牌！中华民族从此拥有了令西方人称道的金奖白兰地和系列葡萄酒，打破了洋酒不可战胜的神话。

在这次博览会上，由于当时中国葡萄酒在国际上还没有名望，张裕葡萄酒的展厅里门可罗雀、冷冷清清。有一次，几个外国人经过展厅时，在展厅工作的一个工作人员灵机一动，故意"不小心"把一瓶葡萄酒打翻在地。结果酒香四溢，不但这几位外国人留下了脚步，其他展厅的外国人也闻香而来。工作人员喜笑颜开，请客人品尝。

受此启发，张振勋决定主动出击。一天，张振勋倒了一杯张裕可雅白兰地，向一位名叫莫纳的法国商人走去。莫纳先生在法国葡萄酒业很有影响，他漫不经心地摇晃着酒杯，不料那琥珀色液体弥漫出的酒香扑鼻而来，令他十分惊讶，抿上一口，醇厚的味道使他更觉陶醉。回味再三后，莫纳询问道："此酒产自哪里？"张振勋悠然一笑，自信地说："中国烟台。"就这样，张裕白兰地非常好喝的消息四处传开，很多人前来品尝，有时候，一天多达万人。人们端着酒杯，聚在一起，细细地品味。

这次博览会共有来自五大洲的 41 个国家的优质商品参会。张裕酿酒公司的白兰地、红葡萄酒、味美思和雷司令等 4 种产品参展，以卓越品质征服了由各国专家组成的评委会，一举获得 4 块金质奖章。西方人称其为"中国科学文化进步的标志"。

在颁奖典礼上，当主持人把这一结果宣布出来时，全场掌声如潮。早已年过古稀的张振勋挺胸走上领奖台，用满是皱纹的双手捧过奖杯，激动得老泪纵横。他感慨地说："我终于如愿以偿了，酿出了世界上最好的美酒！"

张裕酒获得巴拿马国际商品赛会的金奖后，旧金山的华侨会馆专门设宴庆贺。张振勋在宴会上激动地说："承蒙诸位的好意，这算不了什么。在这盛大的酒宴中,一眼望去锦绣华堂,全是令人自豪的东西:一件是早就世界驰名的中国大菜;一件是享誉环球的中国瓷器;还有一件是这新近获得国际金牌的中国名酒,都是举世无双的东西。华人是了不起的,只要发愤图强,后来居上,主家的产品都要成为世界名牌。"①这一番发自肺腑的言语,如同张裕酒的名字一样,被广为传颂至今。

巴拿马获奖使张裕酿酒公司员工振奋,他们努力工作,把年产量提高到 15 万箱、200 万瓶左右,以满足市场的需求。在张振勋的主持下,张裕酿酒公司终于发展成为一个名扬四海的大型酿酒公司。

张裕酿酒公司的白兰地,在这次巴拿马万国赛会上荣获金质奖章。这也是中国商品在国际上首次获得的最高荣誉,不仅令海内外的炎黄子孙都为之骄傲,也令不少外国人对中国刮目相看。会后,张裕酿酒公司将金牌奖章缩印在商标上,成为"金奖白兰地"的名牌,一直沿用至今,畅销世界各地,誉满中外。

---

① 李松庵:《华侨实业家张弼士史料》,载广东省广州市文史资料研究委员会编:《广州文史资料选辑》第 10 期,广东人民出版社,1962 年。

10
硕果仅存

张振勋一生仅在国内投资兴办的企业就有数十家。但是，在半殖民地半封建的旧中国，几经风雨摧残，至今除了烟台的张裕酿酒公司尚存外，其余均在他逝世前后相继告歇倒闭。他在自己的《荣哀录》中就不无感慨地说道："费巨资数百万，适遭此变，沦失殆尽，功败垂成，人咸惜之！"

张振勋去世以后，张裕酿酒公司由他的儿子和孙子经营，他们不断推出了一些新名牌，如金星高月白兰地、红星高月白兰地、樱甜红葡萄酒、大宛香白葡萄酒、苦艾葡萄酒、雷司令、贵人香等，都获得了国内外消费者的好评。

但是，由于当时军阀连年混战，捐税繁重，张裕酿酒公司连年入不敷出，以致债台高筑。张振勋的子孙们先是变卖公司房地产抵债，后来被迫将张裕酿酒公司移交中国银行代管。

抗日战争爆发以后，张裕酿酒公司被日本侵略者强行霸占，抗战胜利后又受到国民党政府接收人员的巧取豪夺，到中华人民共和国成立前夕已是奄奄一息了。

1945年烟台第一次解放后，张裕酿酒公司在人民政府的保护和大力扶持下，整修了葡萄园，扩建了厂房，职工人数由解放前的60人增加到近千人，并形成了一支近百人的工程技术人员队伍。他们不断创新，改进工艺，除保持传统产品外，还试制出健脑补肾的三鞭酒、延年益寿的灵芝酒、补血健胃的金鸡铁树酒和解百纳千红葡萄酒等 20 多个新品种。

张裕酿酒公司创建 120 余年，截至 1992 年末，共获世界金奖 12 枚，国内金奖 32 枚。时越一个世纪的张裕酿酒公司，其声不衰，其名更扬。

第九章

实业救国

1

内忧外患

当时的清政府历经多年内忧外患，国库空虚，治国无策。南洋华侨财富和影响力的迅速提升，也引起了清政府的注意。清末，清政府推行新政，提出"招徕海外华商，振兴中华实业"的号召，鼓励华侨实业家回国投资创业。张振勋在海外取得了惊人的成绩，得到了国际商业社会的高度认可，同时也引起了清政府的高度重视。

光绪二十七年（1901年），清廷实行"新政"，训令各省督抚延揽南洋富商，回国投资兴业，赐以高官勋爵。张振勋当时声名卓著，首当其选。

光绪二十九年二月二十三日（1903年3月21日），清廷谕内阁："南洋各埠，多有华商出洋贸易，熟悉中外情形，尤深明于君国身家互相维系之义，虽侨居海外，心恒不忘故土，其忠爱惆忱，朝廷深为嘉尚，叠经谕令沿海各省，于流寓华商回籍时，设法保护。现在振兴庶政，讲求商务，一切应办事宜，全在得人。尤应体恤商情，加意护惜。各埠华商人等，凡有事回华者，其身家财产，均责成该省督抚严饬地方官切实保护。即行妥定章程，奏明办理。倘有关津丁役，地方胥吏及乡里莠民，藉端讹索，即予按律严惩，决不宽贷。著即由沿海督抚及商务大臣、出使大臣剀切晓谕，宣布朝廷德意，俾众感知。"①

---

① 夏维中：《百年商业变迁》，江苏美术出版社，2000年，第1页。

2
以商带工

1890 年，清政府驻英公使龚照瑗问张振勋是否愿意报效祖国。张振勋明知当时清朝实行海禁，他这样的叫"游民"，只要他一回国，就会被没收全部财产，发配充军，可即使如此，他说："吾生为华人，当为中华民族效力！"

张振勋为实现"实业救国"的宏愿，将南洋的产业委托张耀轩管理，自己则集中精力投入国内实业的建设和经营，并积极为国内实业的招商引资而奔忙。光绪十八年（1892 年），张振勋开始回国投资兴业。次年，步入仕途。

1893 年海禁政策被废，张振勋立刻应召回国，投资建厂，只想用实业来振兴中华。

1905 年以后，为了实践"实业兴邦"，张振勋投资数百万银两，在两广创办织造、玻璃、建材、采矿、制盐、垦牧等多家企业，并为中国的金融、铁路做出了较多贡献。据史料记载，张振勋是中国第一辆拖拉机的制造者，第一批工业化国产机器制砖厂、玻璃制造厂、机器织布厂的创始人。他对清末民初的经济发展产生了重要影响，是近代中国"实业兴邦"的先驱者。

张振勋一直以"商""官"的双重身份活动在实业界与政界，并借助自己这一特殊身份参政议政，扩展实业。这种具有鲜明现代意识的参政行为，使张振勋明显地与传统的商人区别开来。他从千万富翁发展为以实业救国的政府高官，这是富而思进，是民族认同并努力付诸实践的自我升华过程——他已经将自我奋斗融入民族、国家的生存和发展之中。

从张振勋的大量遗文看，亦可见他并非一般只会做生意赚钱的商人，赚钱也并不简单是为了光宗耀祖，他是一个有着伟大抱负与理想的现代实业家。这一切都是对早年蛰居乡间感言"大丈夫不能以文学致身，通显扬名显亲，亦当破万里浪，建树遐方，创兴实业，为外国华侨生色，为祖国人增辉"的最好注解。张振勋具有现代国家民族意识的富国强民思想，即努力通过"由下而上"的"以商带工"途径，发展民族工商业，"创一中国历年以来未有之利举"，"收回一中国经年外溢之利权"，建设一个现代民族国家。

张振勋如果没有以"振兴商务"为代表的现代思想意识与视野，就不可能有不断走出农耕时代的现代"实业人生"，更不可能走向西方世界，成为"世界华商第一人""中国的洛克菲勒"。

3
新式银行

1896 年，中国铁路总公司成立时，盛宣怀强调："因铁厂不能不办铁路，又因铁路不能不办银行。"[1] 而且，"铁路之利远而薄，银行之利近而厚。华商必欲银行、铁路并举，方有把握"。[2] 因此，他强烈要求清廷允许他们筹建中国通商银行。中国通商银行是为芦汉铁路建设而等办的中国第一家银行。

光绪二十二年十月初八（1896 年 11 月 1 日），清政府上谕："银行一事，前交部议，尚未定局。昨盛宣怀盛条陈有请归商办之议，如果办理合宜，洵于商务有益，着即责成盛宣怀选择殷商，设立总董，召集股本，合理兴办，以收利权。"

盛宣怀乃"遵旨选派"以张振勋为首的八位为"初次及现时之总"。此外，盛宣怀选派叶成忠、严信厚、施则敬、严潆、朱佩珍、杨延果、陈猷 7 人为总董。

张振勋积极参与了银行筹建工作。1896 年 12 月 20 日，张振勋在新加坡"谨拟设立银行条议开列呈电"。他以西方银行业作为借鉴、结合他在南洋多年与银行往来的经验，对银行工作应该注意的事项提出了自己的看法。[3]

---

① 盛宣怀：《愚斋存稿》卷 25，思补楼藏版，第 15 页。

② 苑书义、孙华峰、李秉新：《张之洞全集》第九册，河北人民出版社，1998 年，第 7051 页。

③ 陈旭麓、顾廷龙、汪熙、谢俊美：《中国通商银行——盛宣怀档案资料选集之五》，上海人民出版社，2000 年，第 36 页。

光绪二十二年十二月廿五日（1897 年 1 月 27 日），盛宣怀寄总理衙门电："铁路招股须先从银行下手，现已遵旨选择股商设立商董，公议章程二十二条，另由京电局录呈牌名，原拟中华商会银行，因港沪已有英商开设中华汇理银行似重复。此行奉特旨开设，以收利权，公拟'中国通商银行'六字是否可用，乞钧示定夺。"中国通商银行获准成立。中国通商银行是清政府最早设立的国家银行，当时有大量私人资本参股，实为华资股份银行。

光绪二十三年（1897 年），李鸿章电召张振勋回国，参与中国第一家华资股份银行——中国通商银行的创办，并推举张振勋出任银行总董。1897 年 2 月 2 日，张振勋与中国通商银行各总董参酌汇丰银行章程，在上海修订拟就《中国通商银行大概章程》共 22 条。[①]

1897 年 5 月 27 日，中国通商银行总行在上海正式开张。通商银行章程第 6 条规定资本 500 万两，第 7 条规定先收股本 250 万两。盛宣怀认招轮船、电报两局 100 万两，各总董则认招商股 100 万两。张振勋认投 200 股，每股 50 银两，共 10 万银两，同时出任董事会总董。随后，各地创设分行，颇有成效。

1905 年 8 月 19 日，《申报》曾登载《张京卿出洋筹劝银行股本》："日前张弼士京卿电致外部，略云：上月二十五日，由岑督递到谕旨，出洋筹劝银行股本，应即就道，惟病体初愈，昨晚到广州，拟稍调理，定于本月初十前后，到香港附轮出洋，伏名电咨出使各国大臣。转知各国外部，一

---

① 陈旭麓、顾廷龙、汪熙、谢俊美：《中国通商银行——盛宣怀档案资料选集之五》，上海人民出版社，2000 年，第 60 页。

体保护。"①

宣统二年（1910年）11月，时任中华全国商会联合会会长、南洋劝业会会长兼广东出口协会总理的张振勋，出席在上海召开的中美商团会议。他以中国商团议长的名义与美国商团议长穆尔举行会谈，双方决议创办中美联合银行以及磋商筹办事宜。后因辛亥革命爆发，政局大变，筹备工作一时中断。②

此次中美商团会议记录如下："宣统二年十月初十日、西历一千九百十年十一月十一号，即星期五，上午十点钟在上海汇中旅馆会议，到者张弼士君，广州商会郑陶齐君，天津商会王竹林君、贾学芳君、刘樾臣君、刘竹君君，汉口商会卢洪昶君、张雪园君，南京商会代表丁价候君，镇江商会于立三君、吴泽民君、魏小圃君，上海商会周金箴君、邵琴涛君、沈仲礼君、王一亭君、沈缦云君、杨信之君，钱业董事朱五楼君、林莲荪君。美商则有布甫君、葛士德君、穆尔君、大来君、摩尔登君、富尔志君、华德仁君、彭汉君、何道林君、缦宁君，美总领事维尔达君，洋书记彭纳脱君，华书记朱礼琦君、王步瀛君。"

先由大来君创言曰："此次敝国商人远涉重洋，来华考察商务，其宗旨不外二致。一曰增进两国感情，一曰推广两国商业。现在美商考察所至，均荷贵国官商各界竭诚优待，宾主尽欢，是增进感情一层已达目的。所亟宜讨论推广者、惟在商业一端。鄙人承美团公举，先期至沪，与诸公研究此题已有数次、备有议案。今幸两国诸公同聚一堂，似应推举议长以待公决。"

言毕华商公推张振勋为议长，美商公推麦尔为议长，依次坐定。麦尔

① 《申报》，1905年8月19日。
② 徐松荣：《张弼士》，广东人民出版社，2011年，第70页。

君曰："顷闻大来先生已备有议案，可将此议案宣读，以待通过。"大来君曰："此议案已由华书记朱礼琦君备有华、英文，其华文已经华商共同看过，均各赞成。"

其英文即请朱礼琦宣读如下："一、议设立中美联合银行，其性质系商业银行，兼可带做兴业银行生意。资本暂定现行墨银一千万元，中美各半，归两国商会担任，如数收足。设立银行总管理处于相宜之埠，仿照现行美国银行律订定章程，各举董事经理，并在北京注册。总行设于中国商务繁盛之埠，并在中美两国及南洋各处设立分行，其余支店，随时酌量情形随地添设。二、议两国商会互设品物陈列所。美国商会设中国货品陈列所，将中国所有土产工艺等品，择其销美国者，酌量运往代为陈列，并派熟识语言之人一员，驻美经理其事，由美商会妥为照料。遇有美商询问价值、出产多寡及如何装运、何地操办，即归该员一一应对，随时报告本国。中国商会亦设美货陈列所，亦照此办理。三、议互派商务调查员。美国商会拟公派商务调查员一员驻扎中国，以上海为常驻之所，随带货样、前往各埠调查货品，探听市价，招揽生意，由中国商会给函介绍，派员帮理。中国商会亦可公派商务调查员前往，美国商会亦当以相等之礼招待。四、议设中美轮船公司。华商向无轮船前往美洲，仓卒招股组织，必多观望疑虑。现大来君本自有轮船七艘往来中美，颇著成效。目今商务渐兴，不敷分布，复在英国添制八千五百吨大轮一艘，计价约五十余万元，不日落成，愿将此轮让与华商任便入股，不敷归伊担认，悬挂龙旗，准在北京注册，常年约有一分利息。此系大来君个人鼓动华人航业思想，需本无多，轻而易举，似可试办。俟有成效，逐渐推广。将见中国龙旗飘扬欧美，当为在坐诸君所乐闻也。"

读毕，麦尔君曰："商业以银行为根本，欲兴两国商业，似不能不以此为起点。惟兹事造端宏大，似应另举熟识银行事务之人另往别室讨论。鄙人拟举富尔志、摩尔登两君专议此事。富君在美国创有国家银行，资本美金一千八百万元（合华通用墨元约四千万元），若得此君一言许可，数百万金不难咄嗟立办。华商亦应由议长推举熟悉银行数人，俾可共同讨论。"

遂由张振勋举定卢洪昶、沈缦云、朱五楼、林莲荪 4 人并华书记朱礼琦、偕同摩尔登、富尔志另至一室讨论。

富尔志说："鄙人远在西美，于中国商业情形尚多隔膜。惟知中国实业尚在幼稚时代，借款兴办实业，或代国家借款，固为获利之端，然不能视为正项进款。假使投资本千万开此银行，于中国但收放商业存款、押款及银行普通生意，就中国商务而论，能否获利？"

沈缦云与大家共同商议后，回答说："中国商务颇大，华人亦不甚贫，徒以所办银行立法尚未尽善，遂致官商存款反储洋商银行，仍辗转借于华商，得收渔人之利。若此银行中美合办，既有美商合资，复有华人资本，立法完全，办理得人，当无亏折之虞。试观汇丰银行获利之厚，当知甚详。"

富尔志说："若如此，似可开办。惟彼此投资，先求稳当，次求获利。其余如办法从美从华，择善为之。银行为营业性质，中美风俗虽殊，希望获利之心则一。彼此互商，必能允洽。"

遂议定先由华商起草订立银行章程，寄往美国核定后，即可开办。第二、第三两条议案，全体均认为兴商要着，应由两国商会切实举办。第四条中美轮船公司事，公议此举为商业之先导，既由大来个人自愿与华商合办，华商自当量力入股试办，以为将来推广之计。

布甫言："设立中美物货陈列所及互派商务调查员，将来中美两国商务必能发达。"沈仲礼说："如此办法、所有华人土货均可直接运美，免得英日德各国商人间接经手，省去佣金不少，即为此事之大利。"张振勋言："华商赴美进口登岸之时，一切查验章程多方留难，是以华人视为畏途，安望商务发达？"布甫说："此事可筹一安善之法，敝同人等无不赞助。现知中国商会联合会成立，以后如有赴美之商，可由此会出给护照，预先用电函知照旧金山商会，当即依期派员至码头加意照料，自然往来无阻矣。"

张振勋说："中国商会联合会成立后，先禀农工商部奏给关防印用以昭郑重。如发给华商游美执照，即可盖用关防为凭。并拍小照四张，一存本会，一粘执照，一寄旧金山商会，一托旧金山交付进口之海关。"议毕三呼，欢欣而散。

宣统三年（1911年），张振勋在上海参与合组中美轮船公司。5月，张振勋在上海与巨商周金箴、沈仲礼等人一起，同美国商人合作筹办中美轮船公司，并在上海设立事务所。该公司的资本定额为1000万银元，中美双方各占一半股份，其中张振勋认股10余万元。其间，曾发布了劝认中美轮船公司股份公启："中美航业前恳招股，迭承示复已招之数，并有续任再招尚未足数者，但款尚多未汇沪。兹届截止期近，就已报明股数约有二十余万元之谱，尚未足一万二千股总额。虽未便一再展期，但美商新造之船，亦尚未到沪。顷曾有函来询问华股能已有英洋二十万元，即可决定合资，径行悬挂龙旗开行来沪。现亟待齐贵处将已认定之款交到大清银行，并赐函知照。果银行实收之数已届二十万元，即先电美，促其船来。其未招足之股，仍尽船未到沪之先陆续补招，至船到之日为止。所有已认定股数清单附陈鉴核，鹄候示复，并请大安。"①

随后又发出处置中美轮船公司公启："敬复者：昨准大函，以经招中美轮船股份，因阅大清银行告白，已饬入股人检齐收据，派员赴前兑还，望即见复等因。查本埠事起、军政府即欲派员将大清银行收管，各股东恐股款有碍，函请敝会设法提回，以保血本。当与该银行商妥，由会出具印函，交彼作证，将此项股款本利如数划回，贴现数百两存放外国银行。以昭稳妥，并登报布告在案。现值四方不靖，固非兴办实业之时，但公司并未解散，所收股款尚未便发还。俟将来时局平定，或行或止，再行邀集股东决议。准函前因，合先函复，即祈尊处转致入股各商为荷。专勒。祇颂均祺。"

后因辛亥革命爆发，公司筹办中止。民国元年三月初三（1912年4月19日），上海总商会就处置股款一事复函苏州商务总会："专启者：前承函询经招中美轮股船股份如何处置，当以'该股款业经移存外国银行，以昭稳妥，俟大局稍定，再议行止'等语函复贵会，接洽在案。查此项股份张弼士君招徕最巨，年前美商大来君到沪后，即函询张君是否照旧附股，拟俟复到，再行定议。现接张君复信，仍照前约附股，而大来君到沪后，接晤多次，倍极殷挚。我民国大局已定，与美国同为地球共和之国，彼此感情尤厚，管鲍有分金之谊，愿以大来公司已成之利，与我共之。至中美公司名义，因中华统一政府尚未成立，未能注册，姑从缓再践原议。已将附股诸君花名开交大来君寄美，两月后股票即可寄到，届时当布告换取可也。知关系注，专此奉达。即颂台祺。"②

① 章开沅、刘望陵、叶万忠：《苏州商会档案丛编》，华中师范大学出版社，1991年，第362、363页。

② 章开沅、刘望陵、叶万忠：《苏州商会档案丛编》，华中师范大学出版社，1991年。

4

各行各业

张振勋在国内创办的实业，涉及的行业众多，规模较大，地域较广。行业涉及铁路交通、矿业开采、金融保险、工业制造、农牧垦殖、机械航运等。在广东、广西、福建、上海等地都能见到张振勋实业的痕迹。他是中国第一辆拖拉机的制造者，第一批工业化国产机器制砖厂、玻璃制造厂、机器织布厂的创始人。在"实业救国"的浪潮中，张振勋与张謇被称为"南北两张"。

张振勋抱着"实业兴邦"的伟大宏愿，以张裕酿酒公司为龙头企业，以广东为中心，抓住当时、当地最具有发展潜力的产业，如铁路、航运、织造业、陶瓷、玻璃制造业、农垦业、矿业等，花费了巨大的精力，投入了巨资。在创办各项实业的过程中，张振勋大量引进美国、日本、意大利等国家的先进技术和设备。但由于国内社会动荡不安、经济环境差、管理人才短缺，当时张振勋的不少企业或损失巨大，或胎死腹中。但张振勋为国效力、艰苦创业的精神是难能可贵、永垂不朽的。张振勋在总结创业经验时说："第一要从长计议，看准了的事情就不惜投资；第二要坚韧不拔，坚决不向困难低头。"

光绪二十四年（1898 年），张弼士被委任为粤汉铁路总办，主持粤汉铁路前期工程广三铁路建设，并于 1909 年建成。

光绪三十年（1904 年），张振勋在广州分别设立广厦铁路有限公司、闽广农工路矿总公司。

光绪三十一年（1905年），张振勋在广州西关彩虹桥创办广州亚通织布厂（织造公司），投资5.5万银元。该厂是广东较早开办的一家机器织布厂，初有发动机1台、织布机50台、运转机20多台。[①]

为适应工业的发展和城市建设的需要，同年，张振勋又投资60万在广州成立振益公司，主要生产水泥、砖瓦等建筑用品。该公司在国内较早推行招商认股，公司章程规定共招6000股，每股洋银100元，以西法、机器生产，后受到广州官办水泥厂和香港水泥厂的挤压，水泥生产成效不大。[②]

光绪三十二年（1906年），张振勋投资50万银元在广东惠州开办工艺、矿业、垦殖等实业，成立惠州实业公司。他还在广东钦廉设立矿务公司，但目前的记载中只见勘探而未见开采情况。

光绪三十三年（1907年），张振勋在佛山与粤商合作投资32万银元，成立裕益制砖有限公司，以西法、机器制造砖瓦、水泥，取得很好的效益。《东方杂志》曾刊载了广东佛山裕益砖砂公司招股情况："广东佛山裕益砖砂公司，张弼士京卿前拟倡办振益公司，制造士敏泥并赤砖、瓦，因制造各情尚待考察，未遽集股开办。今京卿返自外洋，於前项机本、工师、制造各要端，均已探悉其详，确有把握，遂即照章举办。共招六千股，每股洋一百元。所有详定章程及制造机器各图式，业经刊订成册，以待认股者取阅。"[③]

同年，他还在海丰平海成立福裕盐田公司，经营盐业。

1907年，张振勋又投资40万银元在惠州归善成立福兴玻璃厂，又称

---

① 徐松荣：《张弼士》，广东人民出版社，2011年，第68页。

② 徐松荣：《张弼士》，广东人民出版社，2011年，第68页。

③ 《东方杂志》1905年5月第五期，第94页。

福兴公司，以机械制造玻璃及各种器皿，并在香港九龙半岛设立分厂。其间，广东惠州福兴玻璃公司修筑铁路时曾在《时报》登载启示："督办闽广农工路矿大臣张弼士，在（广东）惠州府设立实业公司，并在（惠州）归善县属白沙湖创设制造玻璃厂，经先后开办。现又以归善县属之淡水墩头港及霞涌至白沙湖一带地方，转运货物仅资人力，挑负诸多不便、拟由淡水建造小铁路一条，以期载运便捷，已委派江西补用知县张令启明，带同美工程师卫林士、日本工程师小松等前往测勘。惟恐乡愚无知，致生疑虑，昨特备文咨请督院，饬惠州府地方文武各官，随时保护。"①

1907 年，接办广西华兴三岔银矿公司。广西贵县三岔的华兴银矿公司是粤商谭日章、陈庆昌集资 40 万银元，于 1906 年创办的，但创办以来成效不大，收益不客观；再加上地方不靖、盗贼蜂起的原因，被迫亏损停业。此时，张振勋接办了华兴银矿公司，改名宝兴公司，继续开采银矿。据《民国贵县志》记载："清光绪二十二年，粤人谭日章、陈庆昌开采三岔银矿，兼及平天山，集资四十余万元，名曰华兴公司，旋改宝兴公司，未几亏折。华侨张弼士继之，增资至数十万元，聘用欧西矿师，勘验矿区，修筑龙山道路，以便输运，抽水、打风、运矿诸机及炼冶锅，悉购自外国，其他附属机器无不完备。顾运至矿区应用者固多，而委诸路旁者亦复不少，襄日县属江滨及石牛山口等处，有机器弃置，至民国六年，乃被窃卖无遗。矿区规模宏大，西式楼房矗立满山，炼冶炉至今尚存。张弼士素称巨富，海外知名，尝与广西巡抚黄槐森亲勘矿区，三岔各矿，均经奏准开采，矿工凡二千余人，守兵凡数十人，三岔银矿之名于是大噪。顾开采

① 《时报》1907 年 11 月 3 日。

三年，亏折甚巨，光绪二十四年，北流李立亭构乱，余党扰及贵县，华兴公司遂告停业。"①

《中国近代工业史料》也曾对该公司作了详细地记载："位于（广西）贵县的三叉山银矿（三岔银矿），由梧州水行至贵县，再乘舆行 16 公里，即可抵达。该矿由香港之中国华兴公司开采，历八年余而无所成就。据悉，价值两万两之机器已由国外输入，准备开采，但一则由于资金缺乏、一则由于运输困难，大批较重的器具，尚滞留贵县。该公司创办时资本六十万两，现已将近损失四十万两。矿产样品送至香港化验，结果良好，但矿苗经开采后并不能令人满意，因此股东不同意继续投资。此外，不称职的技师也浪费了大批资金。此刻银矿的主要支持者为前新加坡总领事张弼士，他为继续维持开采已投资五万两，如获得成功，即拟全部加以接办。"②

宣统元年（1909 年），张振勋与广东劝业公所的伍申三等人投资 50 万银两，创办广东集大公司出口协会，经营广东产品出口贸易推销国货。此外，他还在香港、广州、汕头、大埔、上海、烟台、天津等地经营房地产业，以及购置了一批住宅。③

宣统二年（1910 年），组织并担任全国商业联合会会长。同年，中美商会商定筹办中美联合银行。

宣统三年（1911 年），张振勋任广东总商会总理。与上海实业家周金箴、沈仲礼等筹办中美轮船公司。

① 《民国贵县志》卷 11，第 325 页。
② 汪敬虞：《中国近代工业史料》，科学出版社，1957 年，第 1003 页。
③ 徐松荣：《张弼士》，广东人民出版社，2011 年，第 71 页。

1912 年，中华民国成立。3 月，张振勋联络国内政界名流熊希龄等人，在上海集资 100 万两，创办康年人寿保险公司。

1914 年，张振勋投资 1000 万银元在广州湾（湛江）成立普生农业公司，又在钦廉成立开垦公司，在雷州创办普生火犁农牧公司。这些公司成为我国最早的机械农业，带动了众多华侨回到海南岛和广东沿海创办新型的农垦企业。

1915 年 5 月，张振勋率中华游美实业团在纽约与美商界代表会商筹组中美银行及中美轮船公司，达成初步协议。后因张振勋去世，中美轮船公司未能继续办下去。

张振勋率中国实业考察团访美，会同上海巨商聂士杰，于 1915 年 6 月在纽约重开谈判，签订了《中美联合银行合约》，规定联合银行办事处分驻中国上海、北京和美国纽约、旧金山，资本 1000 万美元，中美各占一半股份。中方由张振勋认股 300 万美元，其余 200 万美元由各省商会认购。张振勋回国后，于同年 11 月在上海召开全国商会联合会临时大会，再次讨论了中美联合银行的筹办。会后，张振勋赴上海、北京，又到南洋各地募集股金。后因张振勋去世，募股未齐，中美联合银行未能开办。

从清末到民初，张振勋办的厂矿企业和引进西方先进技术设备，恰恰都是在清政府主导下的变革运动中起步的，与当时国内主张"重商贾以循西法立基"的新思潮相吻合。而且，他报效祖国的热忱，既不因计划受挫或不见明显投资效益而稍歇，更未因政权的更迭而改变初衷。张振勋作为中国现代化历史上的一位先驱者，也是当之无愧的。

5

重视农业

　　鸦片战争以后，中国受到来自西方列强炮艇与商品的猛烈冲击，"满清王朝的声威一遇到英国的枪炮就扫地以尽，天朝帝国万世长存的迷信破了产，野蛮的、闭关自守的、与文明隔绝的状态被打破，开始同外界发生联系"。[1]清王朝与外界的联系是以巨额赔款为代价，进而导致财政困窘，"现在国步艰虞，百废待举，而库储一空如洗，无米何能为炊？如不设法经营，大局日危，上下交困，后患何堪设想！"[2]两江总督刘坤一、两湖总督张之洞曾会奏说："赔款极巨，筹措艰难。"有鉴于此，清廷不得不放弃传统的"重农抑商"政策，"修农政"，"讲求农工商"，"整顿中法，以行西法"。[3]一些较开明的官员主张利用西法，创设近代企业、兴办洋务、强兵富国，以挽救摇摇欲坠的大清王朝。

　　正是在这种背景下，在南洋获得巨大成功的张振勋进入清朝上层视野。光绪十九年（1893年），清驻英钦使龚照瑗抵达槟榔屿会晤张振勋，两人就中西致富话题有一段精彩的对话，龚照瑗问："西人操何术而能使南洋诸岛商务隆盛若此？"又问："君致富又操何术？"张振勋借《史记·货殖列传》答，农工商皆为衣食之源，"夫农不作，则乏其食；工不作，则

---

①　中共中央编译局编译：《马克思恩格斯选集》第1卷，人民出版社，1995年，第691页。

②　朱寿朋：《光绪朝东华录》第5册，中华书局，1958年，第5117页。

③　朱寿朋：《光绪朝东华录》第4册，中华书局，1958年，第4727~4771页。

乏其用；商不出，则三宝绝；虞不出，则财匮少；财匮少，则山泽不辟。此四者衣食之源也"。张振勋的话反映了他深厚的中国传统文化底蕴，而"农"字突出了他对中国民生的历史与现状十分谙熟。龚照瑗听后十分赏识，遂邀他回国救亡："君非商界中人，乃天下奇才，现中国贫弱，盍归救祖国乎？"①

张振勋的"振兴商务十二条"最能反映他的富国富民思想，内容为：农工路矿宜招商承办，招商兴垦山利，兴垦山利种植，兴垦山利矿务，招商兴办水利，已垦未垦均宜筹办水利，招商设立贷耕公司，招商兴办工艺雇募工役，招商兴办铁路支路，招徕外埠商民，权度量衡圜法宜归划一，增设各省商官。②在这 12 条中，有 7 条涉及农业，又以"兴垦"最为突出。可见，他的振兴商务建立在兴农基础上。张振勋"兴垦"的主要目的是振兴商务，"今天下穷苦极矣，不兴商务，天下之民几无生路。兴商务，不兴农务，则根本已失，民食不继，天下之民亦无生路"。③很显然，他认为兴农是兴商之根本，只有兴农才能兴商，但他也清醒地认识到中国农业的发展与西方有很大差距，"中国地大物博，然开辟地利，讲究物产，实不如外洋"。而中国农业之所以不如外洋，原因在于"兴垦"不力，"外洋尺地可以兴利者，皆不惜工本，极力经营，故以区区之海岛而日富以强。中国虽有博大之名，而地利物产多弃而不讲，故日贫以弱。试观各口岸租借之地，皆昔之野岸荒汀也，南洋新开各岛，皆昔之荒荆丛菁也，一入西人

---

① 郑观应：《张弼士君生平事略》，载韩信夫、杨德昌主编：《张弼士研究专辑》，社会科学文献出版社，2009 年，第 67 页。

② 郑观应：《张弼士君生平事略》，载韩信夫、杨德昌主编：《张弼士研究专辑》，社会科学文献出版社，2009 年，第 67、68 页。

③ 《张弼士侍郎奏陈振兴商务条议》，载韩信夫、杨德昌主编：《张弼士研究专辑》，社会科学文献出版社，2009 年，第 10 页。

之手，不数年，而繁盛过于都市，价值高于沃壤，是此地运使然哉，亦人力辟之耳"。他通过西人在中国口岸兴垦的成功，认为中国同样可通过兴垦走向富强，因此要求兴垦山利和兴修水利，"今夫地利之大有二，曰山，曰水。山利之大者亦有二，曰开矿，曰种植"。于此可看出，他的兴垦不是单一的农业种植，还包括开矿，"山利之大莫如矿，商务见效之速亦莫如矿"。①

他的"兴垦"观与时人郑观应的观点颇为吻合，郑观应在《论开垦》中也说："夫国之赋税，出于人民，民共亿，出于土地。此古今不易之理。"又说："迩来在京各官，屡次奏请朝廷，饬令各省大吏转督地方官，开垦荒田，兴修水利，此诚今日民事之先务也。"②郑观应的开垦观也具有明显的近代化倾向，他说："中国之最重者，农事也，其中沃壤数倍泰西，而地气和煦，敏于生物，惟仅用人畜之力，未能因地利之宜。若用西国机器，以之耕种，可使土膏深透，地力腾达，物类易于发生，收成也当倍蓰。"③

但中国毕竟是农业大国，解决民众的温饱问题是首务，而且开矿需要技术和资金，种植则不然，"矿利动需巨本，种植则随人随地可为，尤切于人生自用者也"。张振勋在《奏陈振兴商务条议》中呼吁："今欲富国，窃愿于种植加之意焉。"他也意识到传统种植之弊，"中国之山，其稍近民居者，间有种植，然已无大兴作，获利甚微。近世以来，生计日困，栽种日少，斩伐不时，滋生不及，物力愈敝"。他提出招商试办新型种植，"今欲兴办种植，非设商官，清查山荒，招商试办，奚以教导吾民哉"。要求

---

① 《张弼士侍郎奏陈振兴商务条议》，韩信夫、杨德昌主编：《张弼士研究专辑》，社会科学文献出版社，2009 年，第 4-6 页。

② 夏东元编：《郑观应集》上册，上海人民出版社，1982 年，第 34 页。

③ 夏东元编：《郑观应集》上册，上海人民出版社，1982 年，第 89 页。

官府对民间"荒弃之地"重新登记，若系在官登记之荒山，则"注明册籍，限期开垦"，如系白契则充作官荒。对于官荒，"无论开矿、种植，悉由商人凑集公司，直赴该管商官，禀请履堪得实……注册存案，予以期限，实力举办，逾期不能开办者，另行招充"。可见，张振勋的兴垦已经不是传统的小农经营，他更多关注的是以近代公司的方式进行规模化经营。

张振勋重视因地制宜"兴垦"种植，在种植之前要科学鉴定，"先在辨别土宜，考求物性。窃查山地之所宜不一，除木材之可为宫室、器用、樵薪不计外，有宜树桂、树桐、树乌臼、树萆麻、树茶子、树艾者，此数种皆可以为。汕有宜树茶、树木薯、红薯、岭芋、岭禾、糁粟及树竹笋、树姜以供食者，有宜树棉、树木棉、山苎、薯莨、树蓝、树樟以供用者"。

张振勋强调了发展农业的重要性，并提出了实现资本主义农业生产的具体措施。其间，慈禧太后曾问张振勋两粤多盗的原因。张振勋答曰："实为贫民较多，生计难以为继，在民无生业的状态下，有些人流为盗贼，恐天下难以久安。"张振勋不但指出了人民贫困的原因，而且指出了其发展的后果。进而，张振勋提出了在当前背景下发展农桑的重要性与紧迫性，他说："欲富国，必先发展种植业，发展水利才能让百姓长治久安。"

他还提到政府的一些赈灾措施只是杯水车薪，没有从根本上解决百姓的生计问题。张振勋还分析了农业与商业的关系，指出了农业的基础性地位，指出："天下大利必归农，不兴商务天下之民几无生路，不兴农业则根本已失，商之本在工，工之本在农。故商部应兼辖农、工、铁等公司，以振兴商务。"

因此，张振勋举办机械火犁垦牧公司，以拖拉机耕种，被称为"中国最早引进农业机械的人"。

　　光绪三十四年（1908 年），广东劝业道陈望曾在广州东郊区庄及犀牛尾地方（今广州市农林上下路），与留美农学博士唐有恒等筹办农林试验场，得到张振勋"送出田地八十亩"的有力支持和资助一事。清末进士梁鼎芬修的《番愚县续志·实业志》记述，该场分设农科、蚕科、化验科，后又设农事讲习所（改名农业教员讲习所，在教育部、农工商部立案），被誉为开广东"培养农师而播改良农业之先声"，这和张振勋赞助田地之功是分不开的。

第十章

修筑铁路

1

芦汉铁路

张振勋的经济地位和政治地位日益提升，开始回国投资铁路，他对晚清铁路的建设，有着举足轻重的贡献。

光绪十七年（1891年），张振勋应清督办铁路大臣盛宣怀的邀请，从香港抵达烟台，与盛宣怀会面。这次会面，主要的目的就是讨论铁路问题。"光绪十七年张弼士为清朝督办铁路大臣盛宣怀电邀到烟台会商兴办铁路、开发矿山的事，谈论间谈到了烟台的葡萄。"[1]张振勋对此次会面也有明确提及过，他提到："追光绪十七年辛卯，勋旋香港，今督办铁路大臣前东海关道盛电邀至烟，商办矿务、铁路等事宜。"[2]

这次会谈，张振勋与盛宣怀确实就铁路、矿山开发等事宜进行了讨论，但是依照后来的历史背景而言，这次会谈对在铁路方面并没有发生大的社会影响。张振勋真正介入中国铁路建设的事务，是从芦汉铁路的筹建开始的。

甲午战争后，铁路建设寄托着中国人民族自强的愿望，铁路成为重要的国防设施而受到了张之洞、刘坤一等洋务高官的高度重视，他们强调要加快铁路的修建，以建设巩固国防。

---

[1] 李松庵：《张弼士与烟台张裕酿酒公司》，载《广州文史资料》第8辑，1963年，第105页。
[2] 张振勋：《奉旨创办酿酒公司记》，载韩信夫、杨德昌主编：《张弼士研究专辑》，社会科学文献出版社，2009年，第36页。

晚清铁路建设资金从一开始便是困扰清廷的核心问题。实际上铁路建设资金来源有三：商股、官款、洋债。芦汉铁路建设资金的筹集很好地反映了清廷内部对三个资金来源的态度。清廷由于国库空虚，官款难于承担，于是形成了铁路商办的政策。光绪二十一年（1895 年），清廷颁旨："凡各省富商能集股在一千万两以上者，准其设立公司，自行兴办。"①

尽管清廷已经形成芦汉铁路商办政策，并且许应锵等华侨商人已经响应清廷的铁路商办政策，提出筹款修筑。当时，华侨商人非常排拒向他国列强借外债。但张之洞等修筑铁路的主要管理者则暗中形成了"洋款归宿"原则，他们坚信，在短时间内，民间商人完全不可能筹措到铁路建设所需的庞大资金，向列强贷款修筑是唯一可行的办法。实际上，商股（包括侨资）应是清廷最放心的资金来源。

于是，正在着手借洋款以修筑芦汉铁路的张之洞和盛宣怀等官员，便不得不树起著名的侨商张振勋，作为他们借款筑路以筹集侨资的旗帜。在张之洞、王文韶、盛宣怀等人的策划下，张振勋开始参与芦汉铁路建设资金的筹措，以应付清廷铁路商办政策。

盛宣怀与张振勋交集甚多，他相信，凭借张振勋在南洋的商业地位，如果张振勋能够积极为芦汉铁路筹款，必定有众多跟随者。"盛宣怀虽在津沪一带有号召力，但必须拉拢侨资，才能有更多的发展。盛宣怀拉拢的侨商是驻新加坡领事张振勋。"

清光绪二十二年（1896 年），盛宣怀致电湖广总督张之洞和直隶总督王文韶，电中提道："新加坡领事张振勋来函，伊愿来沪与宣面商铁路事

---

① 曾化：《中国铁路史》，载沈云龙：《近代中国史料丛刊》第 973 册，文海出版社，1973 年，第 102 页。

件，已向龚使（龚照瑗）请假，尚未奉准，请代设法。张实为南洋华商巨擘，张来则从者必多，可否乞宪台电咨龚使，准即调回中国，面筹路事，愈速愈妙。"①

接到盛宣怀推荐张振勋的电后，张之洞决定调张振勋回国商办芦汉铁路筹款事宜，并致电王文韶："拟会电伦敦龚星使，云弟等奉旨会办芦汉铁路招商事宜。数月以来，查看数商皆系洋股影射，碍难奏办。现拟令津海关盛道妥招华商。兹据盛道禀，新加坡领事张振勋来函，伊愿来汉口面商铁路事件。张为南洋华商巨擘，张来则从者必多，乞电调回华，面筹路事等情。查铁路招商关系重要，时局如此，不可再缓。而内地华商力微，难集巨款。特恳台端准令张领事回华商办，想大局所关，必蒙迅饬启行，愈速愈感。祈电复某某同启等语，即请酌核改定，迅速由津电致为荷。"

随后，王文韶又致电盛宣怀："龚使复电，由沪局转，想已得见。此人（张振勋）若肯担承，最为合式，能将借用洋款一层，消纳在伊身上，尤为泯然无迹，试熟筹之。银行一事，连类而及，无不可说，已商之香帅矣。"②后盛宣怀复电王文韶："张振勋可充一（铁路）总董，责成外埠招股。"③

光绪二十二年九月二十六日（1896年11月11日），张振勋偕同黄遵楷会见王文韶。王文韶在日记中回忆道："二十六日晴。见客四班，公度之弟黄幼达（遵楷）偕候选道张弼士（振勋）来见。张系芦汉铁路案内由杏荪禀请电调回华、现办烟台酿酒公司，广东大埔县人，新加坡总领事……

---

① 盛怀宣:《愚斋存稿》卷89补遗66，思补楼版，第25页；夏东元:《盛怀宣年谱长编》下册，上海交通大学出版社，2004年，第524页。

② 盛怀宣:《愚斋存稿》卷99，思补楼版，第25、26页。

③ 盛怀宣:《愚斋存稿》卷99，思补楼版，第5—7页。

弼士贻以猴枣一枚、得未曾有。"①

可见，盛宣怀、王文韶、张之洞在张振勋介入芦汉铁路这件事件上起到了一定的积极作用，他们对张振勋介入中国铁路事业的建设表示高度认可。而张振勋也凭借着在海外的商业地位和经济地位，成了清廷一面向华侨集资的旗帜。

从某种程度上而言，张振勋与大多数侨商一样，对芦汉铁路并没有多大的兴趣，他们真正感兴趣的是南方的两广铁路。但是，即使张振勋对芦汉铁路没有多大的兴趣，但受到盛宣怀的重用后，张振勋仍是尽己之能，为中国的铁路建设做了许多工作。

光绪二十二年十二月（1897年1月5日）初三，郑观应致盛宣怀条陈中提道："芦汉铁路与粤汉铁路宜一气呵成，须南北共举，招股方易，如一时股分未足，则先办北路，陆续招徕，盖南路客货必旺于北，众人皆注意于南也。张弼士嘱致书于槟榔屿富商郑贵帮忙招股，应已出名附缄与张带去矣。"②

光绪二十三年（1897年）正月初五，盛宣怀致总理衙门电时提道："前蒙调回张振勋商办铁路，该道为各埠华商领袖，已派充银行、铁路总董，龚使电催，已饬回新加坡领事任。张在坡颇得力，乞电罗使赴英后暂缓更动，如易生手招股有碍，交涉亦无益。"③可见，当时张振勋已经在为芦汉铁路招商的事情奔忙了。

张振勋积极响应清廷铁路商办政策，参与了甲午战争后的第一波铁路

---

① 袁英光、胡逢祥：《王文韶日记》下册，中华书局，1989年，第969页。
② 陈旭麓：《汉冶萍公司——盛宣怀档案资料选辑之四》(1)，上海人民出版社，1984年，第336页。
③ 盛宣怀：《愚斋存稿》卷26，思补楼版，第123页。

建设热潮。作为其中的先行者，张振勋从参与芦汉铁路始，即为晚清的铁路建设付出了大量的心血，在晚清铁路的早期建设中，有着重要而特别的影响。

芦汉铁路的商办政策反映出清廷最高决策层引进侨资的企图，张振勋的介入符合了清廷对于侨资的期望。因此，尽管清廷内部决策层与芦汉铁路的主管层之间对于引进侨资的真实目的并不统一，侨资即将产生广泛而深远的影响则有其必然性，进而促进清廷越来越重视和引进侨资。

2

粤汉铁路

晚清时期，汉口与广州都是当时的商业要地，两地之间的交通当然也是备受瞩目，修筑粤汉铁路的呼声在当时越来越高。

国民政府后来也认为："粤汉铁路起武汉，扼长江中游，商业鼎盛，素有全国心脏之称；南端广州握华南咽喉，为进出口贸易之总枢纽。沿线土壤肥沃，产物丰富，是以粤汉铁路除国防意义外，对于我国经济上之贡献，亦有重大之价值。"①

光绪二十一年（1895 年），清政府决定先修津沪铁路，粤汉铁路等后继展开修筑工程，号召各省富商集股，准许设立公司，但不能纳入洋股。同年九月，上谕令盛宣怀在沪成立铁路公司，督办芦汉铁路，并准其先举债修筑铁路，再陆续招股偿还。

光绪二十二年（1896 年），督办铁路与银行的盛宣怀委托张振勋在东南亚为粤汉铁路筹股。

光绪二十四年正月初五（1898 年 2 月 11 日），清廷上谕："王文韶、张之洞、盛宣怀奏粤汉铁路紧要，三省绅商吁请通力合作，以保利权，并筹议借款各折片……该大臣等当妥速开办，力任其难，以收实效。"②

在筹款问题上，盛宣怀希望张振勋能够借助他在海外的地位，招徕华

---

① 粤汉铁路局：《粤汉铁路》，行政院新闻局，1947 年，第 1 页。
② 盛宣怀：《愚斋存稿》卷 2，思补楼版，第 718 页。

侨入股，并分析了粤汉铁路的"四大利"。光绪二十四年（1898 年）六月十五日，盛宣怀致函张振勋，写道："弼士仁兄大人阁下……一、购料办工均可动用洋款，惟购地必须用自己之款，约计粤汉地价有五百万两，即可敷用，再加行车造厂各费约又五百万足矣。此项股票有四大利：（一）地价必得利也。现在买地可随官价，即火车埠头，须照民价亦不致居奇，将来路成之后。地价必十倍。久而久之，必至百倍。（二）股息必甚厚也。洋债只取五厘极利，将来余利只提二成，与洋人作酬劳，其余八成皆归中国公司，除酌提二成报效国家外，股分可得四成，是就数百万购地之股本，兼并数千万全路之余利。（三）归本必加倍也。洋债分作四十年还清之后，则全路皆归公司，在公司仅须商本一千万两，势难全归商人。拟奏定年满之后铁路如归国家应由国家加倍付还商本。（四）矿务可兼办也。凡粤汉铁路附近之矿地，皆可尽有股商集股认办。有此四利、招股何难之有。"①

1898 年 6 月，戊戌变法爆发，清政府推行开放铁路建筑权的政策，由于列强在华利益受损，因此，列强对中国铁路的建筑权展开了剧烈地斗争。在这样的情况下，张振勋临危受命，被盛宣怀选推荐主持粤汉铁路招股。

粤汉铁路的筹办与建筑期间，最为艰难且关键的，当属筹款与购地。张振勋在这其中的工作，也是花了较大的力气，取得不错的成效。

在筹款的问题上，张振勋赴任后，制定了集股办法，并通过《申报》发出《粤路招股》的宣传："粤汉铁路奉旨开办，由盛京卿遴委张观察，到粤商榷悉一切。兹悉此项经费，已借定美国英金四百万镑，其余则集股，

---

① 夏东元：《盛宣怀年谱》下册，上海交通大学出版社，2004 年，第 621 页。

本银一千二百万两、分作十二万股，每股计银一百两。现已拟定招股章程十条：其一，设公司，在粤省设立办公总汇之所。干路则由广州经佛山至三水，过湖南以达汉口、与芦汉北干路相接。支路东则由广州经惠州，至潮州达福建，西则由三水。经梧州至桂林。其二，定招股。立招股部，编列号数，分为存根，执照，领部之人限两月将存根缴由总办核计。其三，收定银。每股先收挂号定银五两。其四，定银期。除已收五两外，再收二十两，其余按三个月一期，分作三期，每期收银二十五两。其五，给奖励。能招一百股以上，给花红股，多者并可举为帮办。大功告成，作为异常劳绩奏奖。其六，分溢息。老本周息六厘，洋债五厘，每年结账一次，余为溢息照分。其七，益土著。除雇洋匠外，概招土人作工。其八，设学堂。在省垣设立铁路矿务学堂，聘请洋人教习，先准有股子弟入学。其九，兴地利。五金各矿，由公司办。其十，请广益。所有办法到时，邀集股东从长计议，各抒所见。此其大略也。"[1]

在购地问题上，张振勋也是较好地处理了购地所涉及的与百姓，以及洋工程师等各方面的关系。[2]郑观应在写给盛宣怀的信中写道："华民生计已为外人攘夺，所靠者惟有耕种而已。所植青苗既被洋匠践坏不顾而去，所迁坟墓又为轨道占用，所补不足。即如去腊洋塘开工时，工程司刻不容缓，美士般士与急顿密迭嘱局绅转致业主，所用鱼塘、茨菇、藕塘，其始且谓不应赔补，其继则谓只补所用轨道之地，不知塘中被填一路，则塘之左右所有植物、动物安能一无损伤？况外堤既开涌口，以便沙船出入，而海水涨入，各塘植物无不淹坏。据称茨菇最忌水，不得不概行挖起。当经

---

① 《申报》, 1898 年 9 月 9 日。

② 魏明枢：《张振勋与晚清铁路》，华南理工大学出版社，2009 年，第 55 页。

会同地方官公估赔补，而工程司则推问沙夫揽头，幸其时由张侍郎偕温道与葛利面商，然后允赔，则其中办事之难可知矣。"①

光绪二十四年（1898年9月9日），《申报》在《粤汉招股》中提道："由盛京卿选委张观察到粤商榷一切。"②可见，张振勋在粤汉铁路的筹建过程中，起到了极为重要的作用。

在粤汉铁路前期的工作中，修筑"省河堤岸"工程是一件艰巨的任务。张振勋到粤后，即认为河堤为粤汉铁路"发轫之所"，因而提请盛宣怀咨请粤督谭钟麟："商请会同奏咨议局专办，所需经费责成铁路公司总董张道振勋办垫。"③随后，盛宣怀于1898年9月20日致电粤督谭钟麟："据张道振勋察，美意两国请筑省河堤岸，系华人陈联泰所播弄，钧处未准，彼又使华人出名禀请承筑。该处堤岸为铁路必经之地，倘先为洋人筑堤必有窒碍，除电总署一律阻止外，乞钧裁驳止，尤深感祷。"④次日，他又致电总理衙门："粤路现派张道振勋总办。据该道禀称，美意两国领事请筑省河堤岸，粤督未准，彼又使华人出名禀请承筑。该处堤岸为铁路必经之地，倘先为洋人所得必生波折，乞钧署电粤帅概行驳止，铁路工程司九月必往勘定矣。"⑤

戊戌变法失败后，受清廷委派，李鸿章督粤。李鸿章到粤后，一向重用人才的他自然要向清廷要人，这其中，李鸿章第一个就提到了张振勋。李鸿章上奏清廷："署两广总督李鸿章奏：粤东交涉事频繁，请调道员张振

① 郑观应：《上督办粤汉铁路盛宫保论粤路及购地事》，载夏东元：《郑官应集》下册，上海人民出版社，1988年，第649页。
② 《申报》，1898年9月9日。
③ 《申报》，《堤工难办》，第二版，1901年9月13日。
④ 盛宣怀：《寄粤督谭文帅》，《愚斋存稿初刊》思补楼藏版，卷三十三，电报十，第5页。
⑤ 盛宣怀：《寄总署》，《愚斋存稿初刊》思补楼藏版，卷三十三，电报十，第5页。

勋、袁大化，知府洪超，知州徐骞陞差遣。报可。"李鸿章电召张振勋回国出任粤汉铁路帮办。

第二年，张振勋升任总办，并任广东佛山铁路总办，与列强谈判、督办铁路建筑、筹划铁路建设。

在"省河堤岸"工程中，李鸿章对张振勋表现出特别的关心和厚爱。光绪二十六年三月二十四日（1900年4月23日），盛宣怀致电李鸿章："美电：粤汉路先做两头。前咨呈河堤请归张振勋办，以便设轨，立行栈，报效三十万。已催张道月底赶粤，务乞俯准，于路事关紧要。美约即呈核。"①同日，李鸿章复电盛宣怀："漾电悉，此间已设商务局，据司道议有本省巨商认筑河堤，官督商办可为永远之利。张道来，应令会商妥办。总于设轨、立栈，无碍路局，未便侵地方之权也。"②4月26日，盛宣怀再次致电李鸿章："但求设轨、立栈勿受挟制。已电催张道到粤会商。"③可见，李鸿章对张振勋修筑省河堤岸予以极大的支持和重视，并希望张振勋能够早日回国。甚至《申报》在光绪二十七年一月二十六日（1901年3月16日）《呈请筑堤》中提道："迨李傅相未督粤省，亦曾拟及兴筑长堤，以通铁路，嗣因不久调任，无有敢承担者。"④

1900年，清廷任陶模为粤督。陶模也对铁路建设及"省河堤岸"工程予以了关注。其间，张基业、何天轼等商人有承筑铁路和"省河堤岸"工程的请求，但陶模认为："应请查照前咨，归铁路公司承筑，勿令他商承办，以免将来建路时于大局有所窒碍等因，业经咨行查照在案。兹据该绅

---

① 顾廷龙、叶亚廉：《李鸿章全集》第八册电稿卷二十二，海南出版社，1997年，第4071页。
② 顾廷龙、叶亚廉：《李鸿章全集》第八册电稿卷二十二，海南出版社，1997年，第4071页。
③ 吴伦霓霞、王尔敏：《盛宣怀实业函电稿》，中文大学出版社，1993年，第628页。
④ 《申报》，《呈请筑堤》，第二版，1901年3月16日。

等禀请承筑堤岸，核即盛大臣请归铁路公司承筑之处，该处关系铁路要工，应俟总董张道振勋到粤商明如何办理，再行定夺。"① 拒绝其他商人承筑铁路和"省河堤岸"工程。

光绪二十七年七月二十八日（1901 年 8 月 30 日），陶模致电盛宣怀："粤人、洋人求筑堤岸者多，请饬张道速来。"② 同日，盛宣怀复电陶模："张道昨赴烟台，中秋来粤，堤岸务求稍待，免滋后累。"③ 直至十一月初五，盛宣怀再次致电陶模："顷接美公司总董巴森士电，粤汉铁路股本集成，不日便须开工筑造，请咨明贵国政府及各督抚等语。除咨外部外，查张道振勋、洋工程师李治赏图赴粤，计已面谒，请饬速将码头栈站应用地段，乘冬令水涸圈填就绪，以免美人到粤另有借口，至纫公宜。"④ 此时，"省河堤岸"工程正式开始。

当时，帝国主义国家纷纷贪婪地以各种方式攫取在中国修筑铁路的权利。这引起了张振勋的深思，他认为铁路是国家的命脉，一旦被外国人控制，那么国家的主权就会沦丧得一干二净，更不要提兴办实业和国防的安全了。他把他的想法写成了建议上奏朝廷，殷切期望会被采纳。慈禧太后召见后，张振勋呈上《条陈商务事宜折》，并提出 12 条强国措施，其中《招商承办农工路矿》和《招徕侨商兴办铁轨支路》两疏，提出：振兴实业应"提倡抵制洋货，以商战收回权利"，兴办铁路应"事权自掌，利不外溢"。

上奏后不久，张振勋最担心的事情还是发生了。光绪二十四年（1898

① 《申报》，《堤工难办》，第二版，1901 年 9 月 13 日。
② 盛宣怀：《愚斋存稿》卷 56 电报 33，思补楼藏版，第 13 页。
③ 盛宣怀：《愚斋存稿》卷 56 电报 33，思补楼藏版，第 34 页。
④ 盛宣怀：《愚斋存稿》卷 56 电报 33，思补楼藏版，第 34 页。

年）清政府不顾人民反对，与美国合兴公司签订了《粤汉铁路借款合同》，贷款4000万美元，兴筑粤汉铁路，悍然将粤汉铁路的筑路权交给美国人。为防美国公司转让股权，光绪二十六年（1900年），清政府又与美国合兴公司签订了《粤汉铁路借款续约》，约定合兴公司不能将合同所享权益"转与他国及他国之人"。实际上合兴公司的资产十分有限，根本无力承揽粤汉铁路建设工程，直到光绪二十九年（1903年），粤汉铁路主干线尚未动工。不仅如此，合兴公司竟然违约将2/3股份和6个董事席位（原有7个董事席位）转让给了比利时的资本巨头，以此牟利。且美商在征购沿线土地时，肆意压价，破坏农田、水利，并开枪弹压农民造成死伤。此外，清政府并与俄商订约，京汉路汉口到保定段由华俄道胜银行贷款承办，改变由国内绅商和海外华侨集资筑路的计划。

消息传出，舆论哗然，抗议风潮此起彼伏。湖南、广东绅商纷纷要求赎回路权，大范围"拒约运动"由此兴起。

张振勋再也坐不住了，他亲自领导广东省的绅商与湖南、湖北两省的绅民联合，强烈抗争，坚决要求收回粤汉铁路的路权，集股自办。这一次声势浩大的斗争，加上海外华侨大力声援，最后终于迫使清廷不得不将粤汉铁路的路权收回，许诺粤汉铁路由商民集股自办。光绪三十一年（1905年8月），清政府与美国合兴公司签署《收回粤汉铁路美国合兴公司售让合同》，双方达成协议，清政府以675万美元的"补偿费"赎回粤汉铁路权。张之洞酌定，由湖北、湖南、广东三省承担赎路费，三省分筹，因广东经济较其他两省发达，承担比重稍大，广东300万两，两湖各200万两。后责成张振勋募集赎路巨款（约需700万余两，其中广东分认300万余两）。张振勋乃重返东南亚与友人张榕轩、张耀轩兄弟，率先出巨资带动了广大华侨认股，终于赎回路权，使粤汉铁路得以继续修建，扩建粤汉铁路支线广三铁路。与此同时，张振勋又力劝华商张煜南回国，兴办潮汕铁路（1906 年建成通车）。

《粤东全省绅民力争不可以美国人倍次接办粤汉铁路公启》中有一段这样写道：粤汉铁路"争回自办，粤人有张弼士侍郎肩任其事，鄂省复有南皮尚书鼎力主持，与湘绅同德同心，方谓可破中国向来敷衍迁就之积习，夺外蔑视之奸胆，申正义以绝阴谋，壮国威而保权利，在此一举"。

光绪二十九年（1903 年），张振勋捐 20 万元创办路矿学校，获侍郎衔，并被授以候补三品京堂。其后，清廷电召他回国。三月，张振勋北上觐见西太后和光绪皇帝，离任粤汉铁路总办。

光绪三十年（1904 年），盛宣怀在《奏调李经方片》中提道："（粤汉铁路）先派道员张振勋、杨枢，旋即升提改派广东候补道李准，并派道员郑观应接办购地，现已裁撤，仅留温宗尧为行车监督……以上各员皆由臣与该各省督抚臣会同檄委。总公司为各路提纲挈领之处。"① 文中所提"与该各省督抚臣会同檄委"也就表明了张振勋是首任粤汉铁路广东总办。

张振勋介入清政府内部经济建设及其所受的赞誉表明：甲午战争后，侨资已经渗透于中国的经济建设之中。他们的投资成绩显著，成为晚清国内经济建设与投资实践的佼佼者，是晚清华侨工商业家的典范人物，对华侨回国投资实业具有开风气之作用，在晚清近代实业发展中有着重要的地位。

虽然在目前的史料中，难以用准确的数字证明张振勋当时的业绩，但

---

① 盛宣怀：《愚斋存稿》卷 10，思补楼版，第 36 页。

是张振勋在粤汉铁路筹建过程中，在筹款这个问题上，贡献是巨大的。著名的广东绅商梁庆桂对张振勋在粤汉铁路中的贡献，作出了这样的评价："岭峤以北，延袤数千里，以至汉阳，关河阻深，舟车劳瘁，商旅之难，自昔然矣。张侍郎弼士，上承朝旨，下思民艰，拟建粤汉铁路，以接轨芦汉，统宇合之全局，规中原之大势，管枢楚越，控制东南，恢乎大观也。太常寺少卿盛公，表其才于朝，使总其事。侍郎于是借洋款，招商股，联络中外，姁姁集事，可谓能矣。"①

① 梁庆桂：《倡办铁路启》，载许衍董：《广东文征续编》第1册第2卷，广东人民出版社1987年，第142页。

3

广厦铁路

张振勋被谕命督办闽广农工路矿事宜后不久，便提出修筑广厦铁路的计划，并确定"以广州东门外起至黄埔地方须先造一段（即广埔铁路，是广厦铁路的一部分），以便将来与粤汉铁路接轨云"。①光绪三十年（1904年），张振勋还向商部侍郎陈壁提出华商集资，兴筑广（州）厦（门）铁路的计划，并获得厦门至福州的铁路筑路权，后因受到种种刁难而未果。同年九月，张振勋任太仆寺正卿，并任商部考察外埠商务大臣和督办闽广农工路矿大臣。次年，因"劝募巨款"，又获头品顶戴、光禄大夫衔；同年十二月，先后到槟榔屿和新加坡，劝说华商消除畛域，成立商会，以求团结发展。

光绪三十一年七月二十五日（1905年8月），张振勋向商部提交关于广厦铁路修筑情况的正式报告，报告指出："修筑广厦铁路实足于上佐国家要政，俯顺闽广商情。""惟事不一端，力难并举。先其所急，首重路权。而路权之界于闽广者则自广州以达厦门实为通陆之要到。"同时，也是"查南洋华侨多籍隶闽广，今就其桑梓之区，为辟其利源，便其行旅，集款图成，计必易于激动。""为维系南洋闽广侨商起见。"②

报告对广厦铁路作了详细规划。一是线路规划："其路线所经，大概自广州东门外起，造至黄埔。由黄埔经增城、东莞石龙镇、惠州府博罗、海

---

① 《各省铁路汇志》，《东方杂志》第 2 卷第 5 期，第 56 页。
② 朱寿朋：《光绪朝东华录》第 5 册，中华书局，1958 年，第 5445 页。

丰、陆丰县境，以至潮州，而径达福建之厦门，是为干路。"二是修筑的规划："现在拟先建广州之黄埔镇为首段。"三是筹资规划："轨道约计长可三十余里，地价工料等项估银八十万两，拟分作八千股，每股科银一百两，专集华股。开办伊始，恐信从不广，即由振勋先行筹垫，以为商股之先声。"①

然而，广厦铁路的提议并未能得到广东督抚岑春煊的肯定，张振勋也受到岑春煊不少指责，两人因此意见不合。因此，商部电令正在考察闽粤沿海各埠商务情形的署商部右丞、左参议王清穆："详查张弼士太仆以筑广埔铁路究竟有无利益，详细电复，以凭核夺。"王清穆到粤考察后，高度肯定了修筑广厦铁路的计划。他指出："闽粤商务以厦门、广州为最巨。上年（指1904年）太仆寺卿张振勋奉命督办闽广农工路矿事宜，拟从铁路入手，自广州达于福建之厦门，名曰广厦铁路，先将广州至黄埔一段垫款修筑，并于该处自开商埠。该京卿魄力雄厚，所见颇为远大，刻已前往南洋，一俟招集商股，即可从速开办。"②

光绪三十一年十月（1905年11月），张弼士电请广厦铁路先行奏准立案："弼士太仆前以兴筑广埔铁路与岑督意见不合，因议改筑广厦铁路，当将拟订章程呈报商部核夺。嗣接商部来电，饬令与厦门绅商妥办为接洽毋再参差。张太仆复又电请商部，略谓广厦铁路招股不甚容易，拟请先行奏准立案，以昭大信，庶于招股较易。一面再与厦门绅商妥议办法。未识该部照准能否。"③

光绪三十一年十一月（1905年12月），商部奏请立案："拟令该大臣张振勋一面迅速招商集款，一面迅将堪路收税各节与岑春煊详细咨商，仍

① 朱寿朋：《光绪朝东华录》第5册，中华书局，1958年，第5445页。
② 魏明枢：《张振勋与晚清铁路》，华南理工大学出版社，2009年，第113页。
③ 《时报》，第三版，1905年11月9日。

随时咨报臣部核定，以期妥洽。"①

此后，商部也与岑春煊多次"函电咨商"。1905 年 12 月，商部就黄埔开埠筑路问题咨商粤督："案查黄埔铁路一事，本部业于十一月十一日奏准先行之（立）案，当经录旨抄奏钦遵行知去后，兹于十一月十九日准咨称，前因惟开埠筑路二事至关重要，议办伊始，不厌详求。黄埔距省三四十里，开作商场，各货物即可转销各处，有关税或应酌量移设关卡，庶免税项妨路线如何取道，是否原与民居水利无碍，至广厦跨连两省，将来如何第次接造，及与粤汉能否接轨，亦应统筹全局，会同闽省商办，除咨会张京堂详核咨复先将广埔路图绘送以凭查核，及札广东藩司会同善后局厘务局商务局悉心筹划刻日详复、并札行粤海关税务司将关税如何稽征妥议申复另行咨呈核办外，合先咨复察照施行等因前来。查本部原奏曾声叙贵督，前次函称各节询属洞中核要，拟令该大臣张振勋一面迅速招商集股，一面迅将勘路收税各节详细咨商等语，现已抄奏行知张大臣钦遵办理，并分行闽浙总督及总办闽省铁路陈前阁学宝琛各在案，以期至相接洽，除税项路线俟商妥再行核办外，相应咨行贵督查照也。"②

粤督也就广埔铁路办理情形咨商部："黄埔至广州只十余里，多与居民有密切之关系，铁轨所经之地，是否与居民有碍，未据该京卿绘送路线无从悬揣。现已咨请将路线即速绘送测勘后如无窒碍，再行咨候核夺。又向来轮船运货由香港运至广州者，只在粤海关完税，如此路造成黄埔开作商场，将来运到之货是否仍在海关完税，抑另设一关以便征收之处，不得不预为之计。仍请大部酌夺。"③

---

① 朱寿朋：《光绪朝东华录》第 5 册，中华书局，1958 年，第 5446 页。
② 《时报》，第三版，1906 年 2 月 9 日。
③ 《申报》，1905 年 12 月 16 日。

广厦铁路立案后，商部也曾电咨张振勋："广埔铁路本部业经奏明立案，应咨贵大臣迅速召集商股，并将堪路收税事宜妥筹办法，随时咨照本部核定，以期尽善。"①

不难看出，在广厦铁路问题上，商部、张振勋、岑春煊都代表着自己的立场。商部看重铁路，张振勋看重商埠，岑春煊看重税收。这其中虽然曲折，但是好在有商部大力支持张振勋并积极协调各方面关系，最终使得广厦铁路顺利立案。

光绪三十二年七月（1906 年 8 月），广厦铁路工程正式启动。在商部的积极推动下，圈购省城至黄埔一带地基，岑春煊、张振勋示谕开办广厦铁路："前清创设广厦铁路公司集股筹办，自广东省城东门外川龙口起至黄埔陆家园为首段计四十里，复由黄埔起，历增城东莞县之右龙镇，惠州府之博罗、归善、海丰、陆丰，潮州府之惠来、普宁、揭阳等县，折至潮州府城外经镜平县而达福建之厦门，路线计长约一千五百余里，业由商部奏准办理在案。兹查自省城至黄埔首段路线所经之处，经本部堂、京堂派员会同番禺县一再勘明均于民居凡坟墓等项无碍，自应赶紧将路标插购地开办，所有沿途圈购应用地亩除官荒应照附近赋则升科外，凡系民间产业即由各业户检齐契据，呈送公司核明，按照近年买卖时价酌申核定公平购买，其圈购各地倘有民间坟墓房屋以及菓木池塘等项，并由公司确估酌给工本迁费以示体恤，其业户人等如有欲附路股不愿领价者，亦准呈明由公司查核，应得地价银数掣回股票附执按年给息，以溥公利，惟业户不得抬价居奇，从中阻挠致碍大局。"②

随后，又公示了广埔铁路招股办法："广埔铁路现由张弼士太仆提任招

① 《时报》，1905 年 12 月 29 日，第三版。
② 《申报》，1906 年 9 月 19 日。

股办理，并不须官款补助，曾拟具章程二十一条，咨由商部立案。刻下开办伊始，费用颇巨，因又将该路之地价工料切实估定，统共约需八九十万两，并由张太仆先筹一二十万开办。又在南洋招股，每股一百两，以八千股为额，只收华股。至全路一切估勘办法，以及征收关税取道路线等，现虽筹有头绪惟尚有诸多未经筹及之事，须俟新督到粤再行统筹全局，斟酌办理。又黄埔商场工程，原定附属广埔铁路内，现又经洋工程师再三测勘，金谓地势宏敞，且滨海水深数十英尺，为省港轮船往来必经之途，允可辟作商场，建筑码头货仓，不论何国载货海轮，亦合在埔停泊，刻已绘就简明图式，咨请商部查核俟各股招有陈数，即可分别兴办。"[1] 从招股办法的言语中不难看出，原本对广厦铁路寄予厚望，雄心勃勃的张振勋，此时已经有些力不从心了。

光绪三十二年十月（1906 年 11 月），商部再三催促广厦铁路从速开工，张振勋排除工程师及委员等 40 余人前往惠阳一带测绘，至 1907 年 1 月，由黄冈勘毕返汕，驻扎道台行台，日间即塔轮晋省复命。广厦铁路全线勘测完毕。[2] 但在这个过程中，英国以广埔铁路有碍广九铁路，要求商部缓办。随后，商部及粤督岑春煊、周馥等人曾做了不少努力，但终究还是难以收回广九铁路的实权，废约更是难上加难。最终，广厦铁路不得不暂缓修筑。

光绪三十三年三月十三日（1907 年 4 月 25 日），张振勋提出新的计划，并致函农工商部："振勋勘定广厦路线，今因广九订定中英合办，拟改路线自惠州府境起至潮州府境止，计路长二百七十余英里，而广埔拟辟商场，本与路线相辅，现在原定首段路线已为广九占去，拟就广埔附近之商

① 《申报》，1906 年 11 月 11 日。

② 魏明枢:《张振勋与晚清铁路》，华南理工大学出版社，2009 年，第 119 页。

场设法开辟，请裁夺。"① 农工商部接到张振勋的计划后，又转咨周馥："除路线一事已咨行邮传部查核，所有该大臣请开广埔附近商场是否合宜事关地方，本部未便悬断。相应咨行贵督查照体察地方情形，饬属详查并希声复，以凭核办可也。"②

光绪三十四年五月十四日（1908 年 6 月 12 日），《申报》报道："邮部以广厦铁路系光绪三十一年由商部奏准开办，嗣以该公司请先筑广埔首段与广九路线有妨，上年由该部奏准，饬改筑惠潮路线。然自奏准改筑惠潮以后，又届一年，陈尚书以商办各路，如福建、江西、安徽等省，本部奏定，如开办三年尚无成效，即须将奏案撤销等语。今惠潮一段已逾期限，尚无成效可睹，应即将该公司奏案撤销，以重路政，爰即照会原办之考查外埠商务大臣张榕轩京卿，将奏案撤销。"③

折腾了几年的广厦铁路落下了帷幕。预期的效果很好，实际的成效很小。这其中，夹杂着政治、经济等太多的因素。尧宗颐在《潮州府志》中就对这段历史的失败原因作了概括性的总结："（光绪）三十年，大埔人张弼士与粤督岑春煊商筑广厦铁路，因中英条约关系，勘测路线迭有变更，而开筑工程又以国家经济困穷与战乱频仍，迄未实现。""然是时民智未开，招股不易，未经开办，张氏即呈请邮传部将案撤销。得旨暂行缓办。"④

---

① 《申报》，1907 年 6 月 5 日。
② 《申报》，1907 年 6 月 5 日。
③ 《申报》，1908 年 6 月 12 日，第四版。
④ 饶宗颐：《潮州志》第 2 册，潮州市地方志办公室编印，2005 年，第 764、774 页。

4

广澳铁路

光绪三十年十月初五日（1904 年 11 月 11 日），清政府与葡萄牙签订了《广澳铁路合同》，内容主要涉及铁路所有权、管理体制、铁路用地征购办法、人力雇佣与管理、货运征税、铁路运价、利润分成、铁路的使用与安全保护、邮政运载等。

合同规定，广澳铁路由中葡两国商人集股合建，两国商人各占一半股份，建成通车起满 50 年，即归还中国所有。广澳铁路由"中葡广澳铁路公司"管理，管理人员由中葡双方共同组成，"葡国国家即不得藉词干预"公司事务。虽然签订合同，但最终因葡萄牙人无意集资筑路，最后不了了之。

光绪三十二年（1906 年），谢诗屏、谢缵泰等人开始有废约的想法，且与葡萄牙代表进行过协商。光绪三十三年四月初九（1907 年 5 月 20 日），谢诗屏、谢缵泰拜谒张振勋，商议废约事宜。第二日，粤督周馥致电盛宣怀："广澳铁路原订中葡合办，倘葡商无股可集，即应归华商独办，现准张弼士太仆咨，据华商林炳华等禀，葡商日久集股未成，曾由盛大臣照会葡使废约，接复请再展限三个月，如葡商无股，例当作废，请照会葡使依限废约，并声明股由华商全集，应归华商自办，将来路线只达近澳之前山，不入澳门租界等语。尊处曾否照会葡使有案？彼请展三个月系在何时？敝处无案可查，请即详示为感。"① 三天后，盛宣怀复电周馥："广澳铁路合同与中葡商约相表里，葡政府必先将商约批准，然后葡商方可开办铁路，嗣经林德远禀报，华股二百万齐集，当咨外务部、商部，请部转催在案，并无限期三个月。葡使请再展期之案，据弟交卸路局后有无其事，敝处无案可查。昨闻葡领事云，商约将可批准矣。"

光绪三十三年（1907 年 8 月），张振勋开始与澳督交涉。9 月，他参与了柏多禄之子在其府第的宴请，第二日又参与了谢诗屏在其府第举行的回访宴会。此后，唐心如、梁云逵等晋京，拟"会同中国政府与葡钦使商议废约，约废后即由政府领取自办广前铁路之权"。初三日，"谢诗屏嘱柏多禄之子代向伊父取澳督文凭，以备晋京谒见葡国钦使，磋商废约事"。初四日，"柏多禄之子到谒谢缵泰，云接到伊父来信云；经由澳督领到文凭，随后寄到"。"唐心如、梁云逵往澳门见柏多禄，辞行晋京。"但"废约团"到北京后与葡使的交涉并不顺利。葡方强调"铁路约必经议院各员议准，方准作废"。② 换言之，"废约团"此行是无功而返。随后，张振勋在咨外务部文中对这次交涉作了总结："迨林德远故后，经职商林炳华等继承其志，商诸葡商伯多禄，据称不愿办理，中国地界让与华商自办等语，即经该商等禀请前澳门葡督，允许给有致前驻京葡使一函，故公举代表股商唐绍业等，于光绪三十三年九月赴京投递，守候注销合同办理，本大臣并给以公文咨呈钧部在案。"③

光绪三十四年七月二十二日（1908 年 8 月 18 日），新任澳门总督罗沙

① 盛宣怀：《愚斋存稿》卷 72，思补楼藏版，第 21 页。
② 魏明枢：《张振勋与晚清铁路》，华南理工大学出版社，2009 年，第 148 页。
③ 王亮：《清季外交史料》卷 207，书目文献出版社，1987 年，第 1 页。

达已到任。22 日，张振勋会同谢诗屏、沈道生等前往澳门。第二日，他们往谒新任澳门总督罗沙达，磋商废约事，甚为得手。罗允许行文北京葡国督钦使从速将废约妥办，以期利益均沾。①

张振勋在咨文中说："诇值驻京葡使新旧交替，事未接洽，虽经外务部迭次据情照会，未准照覆，至今尚无成议。本大臣忝司路务，岂忍坐视垂成，不图竭力干旋，以冀挽回利益。现值澳门新督莅止，本大臣即亲往商榷，声明此路一成，不但有益于华商，且可振兴澳界。旋准新葡督罗答以在前所议注销合同一节，我政府虽知其事，恐华商无股实股东，不能担任，故未给以实在允许文凭，致延时日。今贵大臣既出为担承，有权办理，本督部堂实为欣悦，当允许注销旧时合同，由贵大臣承办建筑该路等语，另给有文凭一角，内注条款六则，并允先行电致驻京葡国使臣知照，一面嘱代表赴京赍投文凭，接洽办理。"可见，这次交涉取得的结果是值得肯定的。

然而，清政府认为张振勋此行是"私约"。10 月 28 日，邮传部致外务部咨提道："准咨据张大臣咨称：广澳铁路与澳督商允注销合同条款六则，咨请酌核前来。查该铁路迭经本部照催葡使注销合同，一俟葡使照复，即可完议，乃该大臣不俟照复，竟与澳督商定条款六则，并拟定该路起讫界限。该大臣商办此事，曾否预先报部，贵部已否授其商办之权，希查明声复。等因。查广澳铁路前据唐绍业等禀称，葡商伯多禄允愿退办，请咨转照葡使注销合同，后准归商等承办等情。复准张大臣咨称，该商等均身家股实等因。嗣迭据唐绍业等禀请照催葡使注销合同各节，均经先后咨呈贵

---

① 魏明枢:《张振勋与晚清铁路》，华南理工大学出版社，2009 年，第 150 页。

部在案。此次张大臣与澳督所商办法，未据预先报部有案，本部亦未经授张大臣以商办之权。除知照张大臣遵照勿得擅行交涉致有歧异外。相应咨呈贵部查核办理可也。须至咨呈者。右咨呈外务部。"[1] 显然，这样的评价是极不负责任、不明事理的。

最终，广澳铁路与清末的大多数铁路一样，以失败告终。这种失败，也昭示着清廷走向末路……

不料到了1911年春，行将灭亡的清政府为了垂死挣扎，竟公然宣布"铁路国有"政策，以全国各大铁路为抵押，向外国银行大举借贷。这就相当于把张振勋他们经过艰苦努力夺回来的路权再次拱手送给洋人。铁路的商股也只退回6/10的款额，其余4/10则被清政府扣住，不予发还。对于这种肆无忌惮的掠夺民脂民膏的行为，张振勋忍无可忍。他大呼受骗，不住地痛骂。

经过这一次惨痛的教训，张振勋终于彻底放弃了对清政府的幻想，他随即投入辛亥革命浪潮中，坚定地站在孙中山的一边，以各种形式竭力支持革命，为中华民国的建立立下了汗马功劳。

---

① 广东省中山市档案局、中国第一历史档案馆编：《香山明清档案辑录》，上海古籍出版社，2006年，第592、593页。

第十一章
爱国之心

1
不做洋官

张振勋一生几乎经历了中国近代史的全期。他出生在英帝国主义发动侵略中国的鸦片战争时期，曾备受侵略之苦，这也使得他在幼年时就萌发爱国之心。

张振勋时刻没有忘记自己是一个中国人。他身在异乡心向祖国，发迹后宁受中国政府的封衔，不做洋人的职官。当时，英国、荷兰殖民当局见他是华侨中的头面人物，对他格外优待，无论他抵达荷属还是英属殖民，当地政府都鸣礼炮迎接。为了笼络住他，使他为侵略开发效力，还几次要授予他官职，但都被他严词谢绝。有人问他为什么，他说："我们华人应该为祖国效力，为外国人做官，那不是我的志向！"

据《先考弼士府君生平事略》记载："时英荷政府以君兴商辟地，增益税务，有功地方，礼遇优隆，欲授以职，君婉词谢之。人问故，君曰：'吾华人，当为祖国效力也！'"

张振勋始终怀念千里之遥的故乡，在他心目中，故乡的山山水水都是那么秀丽多姿，故乡的亲人都是那么慈祥可敬。然而，祖国贫穷落后的面貌，华侨在外国受到歧视的现状，又令他非常痛心和气愤。他下定决心要为祖国的强盛、人民的富裕尽自己的最大努力，让炎黄子孙都能扬眉吐气。

2

民族气节

张振勋具有强烈的民族自尊心。一次他乘船出海，随身携带一套魏源的《海国图志》阅读。一个英国人走过来要了一卷，随随便便翻了两页，便轻蔑地用英语说："中国人懂得什么学问！"张振勋见他出言不逊，便用英语问道："你大概是到这里经商的吧，我想你大概是皇家学院的毕业生。"英国人傲慢地回答："那还用说。"张振勋神色庄重，一字一顿地说："如果你够胆量的话，我们可以痛快地打一次赌。我们各自出20万英镑，同时经营同一样的企业，建立严密的账目制度，请你选择一个你认为最有把握的企业来做，以5年为期，结算时看谁赚的钱多。如果你的盈利比我大，我甘愿卧在铁轨上，让火车碾死。你输了该怎么办，你自己开条件。我们马上就可以签合同，由全船的人作证。"英国人目瞪口呆，无比惊讶。张振勋接着又说："中国人有的是聪明才智，才不是草包，也不是东亚病夫，你还是醒目一点的好！"一番话驳得那个英国人理屈词穷，只好悄悄地溜走了。

这件事很快就在华侨中间流传开来，大家都竖着大拇指称赞张振勋骨头硬，为所有的华人争了一口气。

从历史上看，像张振勋这类"客商"的国家情结，"红顶商人"对祖国的回报，与其潜意识里对一个现代国家的建立渴求有着深刻的关联。不少史料记载，"红顶商人"中的许多商界巨子，在其早年的创业过程中都耳闻目睹或有过作为"弱国子民"的侨民在异国他乡的屈辱与心灵创伤，他们都希望国家强大起来，在世界上有地位、有尊严。这种思想意识与传统的儒家思想已有很大的不同。只有从现代国家理论的角度进行解读，才能深刻地"同情"和理解近现代中国人的"弱国子民"心理，才能明白"红顶商人"的现代国家情怀。

3
支援祖国

张振勋把一生的主要精力都倾注于"实业救国",给当时积贫积弱的祖国和举步维艰的革命事业以慷慨支持。

1881 年,张振勋捐款赈济河间府水灾,获御赐"乐善好施"牌坊。

1885 年,捐助广东海防饷。

1894 年,中日甲午战争失败,清朝政府的北洋水师全军覆没后,张振勋心情异常激愤,慷慨解囊,捐出 80 万大洋振兴北洋水师。

1898 年,他任清政府直顺赈捐兼河南南郑工赈督办时,曾捐银 100 万两,救济灾民。

1900 年,黄河决堤成灾,老百姓伤亡惨重,流离失所。张振勋目睹灾区惨状,深为同胞遭难而忧虑。他带头捐出百万折银,并且,疾回南洋各地募集银两共计 200 余万两用来赈济灾民。清政府为此赐张振勋"急公好义"牌匾,竖于其故乡大埔。

1903 年,张振勋捐献 20 万两白银给清政府作为兴办学堂的经费。

1904 年,清朝廷在他故乡大埔树立"急公好施"牌坊,以示嘉奖。

4
支持革命

1904 年，张振勋又为东海海防筹捐巨款。辛亥革命初兴，当腐败的清王朝即将倾覆、孙中山先生正在奔走革命时，张振勋能够认清大局，在海外暗中给予革命党人以经济援助。张振勋还鼓励长子张秩捃加入同盟会。当革命党人在海外秘密活动时，张振勋便指示其南洋企业秘密援助，并通过胡汉民暗助孙中山 30 万两白银。辛亥革命爆发后，张振勋又向孙中山捐赠一笔巨款。后来，他还给福建民军捐赠白银 7 万两。

张振勋支持儿子张秩捃参加同盟会，这是非一般商贾富豪所能为，它体现了张振勋，对在西方现代思想理论影响下的新式社会革命，发自内心的理解、认可、向往与支持，颇具政治远见，也是他以实业家身份参政议政，推进一个新的民族国家主体形象建立的另一种表达方式。

5

教育基金

张振勋在兴办实业过程中，还非常重视教育事业的发展及人才的培养。他在海外倡导教育，弘扬中华文明，热心捐资办学，带领海外华人建立各类华人学校，为华人培养人才。

辛亥革命后，他出巨资在汕头和大埔县城茶阳建商店近百间，以店租收入作为本县发展教育的经费。"于家乡教育素所关怀，斥重资于汕头及县城北门外大街，各置瓦铺百数十间。汕铺迤接成行，分两街，曰育善街、育善后街。所出租息，由阖邑公举正绅管理，充作该县教育经常之费用，垂久远。"① 并从中抽出部分收入，专门作为家乡学生外出留学学费补助。如大埔人张掖在去法国巴黎留学时，曾得到大洋 40 元的补助。②

晚年时期，张振勋在汕头创设"育善堂"，购置 44 间店铺，又在大埔茶阳购置店铺 22 间，以店租为慈善事业基金。创设嘉应五属福利基金，为出国学子补助学费，还为当地居民和嘉应同乡举办各项慈善事业。

1840 年鸦片战争后，香港沦为英国殖民地。由于英国人只重视本国贵族子弟的教育，香港本地居民的孩子读书和上大学都遇到了不小困难。张振勋闻讯后，为了鼓励华人子弟上大学，特地给香港大学捐银 10 万两，作为办学和奖励华人学子之用。

---

① 韩信夫：《张弼士研究专辑》，社会科学文献出版社，2009 年。
② 李松庵：《华侨实业家张弼士史料》，广州市政协：广州文史资料，1962 年。

1915 年，张振勋还为香港大学捐资 15 万银圆，设立"张弼士奖学金"。当年 4 月，香港大学授予张振勋法学博士荣衔。直到如今，"张弼士奖学金"依然绵延，泽被后人。

2005 年 1 月，香港大学与张振勋家乡的嘉应学院达成协议，将利用"张弼士奖学金"为嘉应学院培养博士，加强学科建设和师资队伍建设。

6

张弼士堂

在广州中山大学校园内，有一座"张弼士堂"是张振勋捐建的。"张弼士堂"是最早落成的一座以中国人的名字命名的独资捐建建筑，现被列为"广东省文物保护单位"。

张振勋在晚年十分关心家乡广东的最高学府——岭南大学（后并入中山大学）。他一直有个愿望：捐资修建一座校舍，作为南洋华侨子弟补习汉语的学校。1916 年，张弼士逝世后，他的夫人朱兰芝和儿子张秋捃遵其遗愿，捐资 7 万银圆，邀请曾任美国建翁师协会主席的埃得蒙茨设计，于1921 年建成这座红墙绿瓦、中西合璧的四层小楼。华侨学校将其命名为"张弼士堂"，以纪念张弼士先生。

张弼士堂于 1919 年 4 月动工，1921 年 4 月落成，历时两年。原为 92 号门牌，今编为中山大学西南区 486 号，东为梁镓琚堂，南为竹园，西为西大球场，北为研究生院。现为中大社会学与人类学学院和基建处等部门的办公楼。

张弼士堂原预算建筑及家私费用共 7 万港元，实际支出为 8.5 万元，额外的 1.5 万元由捐款 1000 元以上的 11 人合捐。他们的大名也在堂内刻石留念，计有黄锦培（日里）、钟聚原（暹罗）、刘焕、邱应篆、叶百行、马培生（西贡）、梁焕微、钟锦泉、吴仲旒、谭植三、区学泉（海防）。张弼士堂每层有十间宽敞的房间，分为教室、宿舍、食堂和事务所，总建筑面积 1 702.09m²（地下室另计），首层的建筑面积 607.71m²。

张弼士堂南北朝向，含地下室为四层，每层中间为走廊，房间南北对开。原屋顶为庑殿式，后改为歇山式。南北各有两个直通式烟囱，用作采光和通风，后改为老虎窗，东西两个侧门。回廊式两侧门，可达地下室和一二三楼。现在南面的大理石楼匾"张弼士堂"为 1981 年 9 月商承祚教授所题。2000 年被广州市城市规划局列入近、现代优秀建筑群体保护名录；2002 年被广东省文化厅批准列为广东省文物保护单位。① 经过百年时光的磨砺，张弼士堂更显历史内涵。

张弼士堂是供回国华侨子弟在此补习之用，学成后升入岭南各级学校就读。从 1923 年 3 月 26 日的统计看，就读于张弼士堂华侨学校的侨生来自北美洲、澳洲、古巴、加拿大、美属沙摩岛、英国、南美洲、英属、小吕宋、中美洲、安南、荷属、暹罗、缅甸、檀香山。侨生籍贯有台山、香山、南海、琼州、紫金、广西、增城、开平、福建、东莞、潮州、九江、潮安、河源、新会、顺德、惠州、蕉岭、番禺、梅县、大埔，共 83 人。这些侨生年龄从 11 岁至 20 岁不等。侨生来源地区广泛，年龄参差不齐。

学校教学内容以国文为主，均用普通话教授。有些由南洋新来的学生，普通话、广东话、英语均一句不识。经过一个学期的学习，就能写浅白作文，成绩佳良，成效可见一斑。华侨学生不仅学习文化科学知识，开设了数学、物理、化学、生物等课程，还组织各种文娱体育团体进行文体活动。如组织"华侨学校陆军团"进行军事训练；"华侨学校学校园"进行各科园艺活动；定期举行"华侨生运动会"，举行跳远、跳高、游泳、球

---

① 余志：《康乐红楼——中国大学校园建筑典范》，商务印书馆，2004 年，第 142、143 页。

类、跑步等各项运动比赛；进行"华侨生童子军"[①]军训，以提高学生的身体素质，增强体质。岭大采取强制性的普及体育教育，要求学生一律参加体育锻炼，形成重视体育的风气。岭南大学的运动场所充足，1915年开辟游泳池，1917年开辟东大运动场，1922年开辟西大运动场。在广东各高校较为突出。每次在全省、全国乃至远东运动会上均能取得令人瞩目的成绩。张弼士堂北面，建堂时辟有足球运动场，为师生运动场所。

由于张弼士堂的建成及华侨学校的开办，华侨子弟回国求学的人数逐年增多。数十年来培养了大批侨生，如著名音乐家冼星海就是从新加坡回国就读岭大华侨学校的。华侨的教育成绩得到海外广大华侨的支持和认可，他们强烈要求岭大派员到海外办侨校。因此，1929年和1938年，岭南大学分别在新加坡及越南西贡开办了岭南分校；招收当地或附近的华侨子弟入学读书，海外办侨校也成为岭大的办学特色。至1922年夏天，岭南大学的小学、中学、大学共有华侨学生205人，其中华侨学校学生68人。

为了提高华侨生的自豪感、对祖国的认同感和亲切感，1922年由学校校务会议决定，规定每学年内选择一日为"华侨日"，放假一天纪念。"今年在五月六日礼拜六举行。来宾赴会者四五百人。中华民国十一年五月六日为岭南大学举行第一次华侨日清点之辰"。

张振勋虽然不是教育救国论者，但其在实践中亲身感受到了教育与国家经济发展的关系，为中国的实业发展及教育事业的进步做出了巨大贡献。

①《南大与华侨》第一卷第五号，1924年2月。

第十二章

溘然长逝

1

突发病逝

1916 年 5 月，张振勋不顾年迈再度远赴南洋各埠，劝导华侨入股中美银行事务所，并考察商务及开埠各项事宜。9 月，张振勋为庆祝"可雅白兰地"荣获金奖和赴美之行成功，在印尼巴城五知堂设中秋宴会，答谢中外宾客。会上他异常兴奋，频频举杯祝酒，导致心肌绞痛，终因医治无效，于 9 月 12 日（农历八月十五日）病逝于荷兰皇家医院，享年 75 岁。

据《张弼士先生传略》记载："先生名振勋，粤之大埔人，商于爪哇日里石叻等处。回国后创办种种实业。清末被命为商务大臣，赴美考察，归而欲有所进展，惜未竟所志而殁。生平热心教育，曾设中学于庇能，民国七年，岭南大学有附设华侨学校之议。日里、暹罗、安南各埠发起捐助，张氏家人仰承先生遗志，出巨款而竞全功，学校既以此堂奉献先生，复勒数言以为之记。而各埠华侨领袖最为斯举出力者并铸芳名以志盛德。"

2
各界凭吊

张振勋逝世后，遵照他生前"死葬家山"的遗嘱，从南洋移柩回祖籍大埔安葬。第一段路程是从印尼巴城到达汕头。灵柩经过新加坡、中国香港时，英、荷政府下半旗致哀，英督暨大学堂监督俱躬亲临吊。

11月11日，香港《华字日报》对张振勋灵柩过港一事进行了报道，并高度评价了张振勋对祖国的贡献。文中写道："张弼士之灵柩过港。殷商张弼士君前在北打威埠逝世，其灵柩运到香港。拟先在九龙湾之大湾寄厝数月，然后运回原籍大埔。下礼拜一日即为运棺之期，亲友执绋者将于该日下午约三点钟聚集于招商局码头。闻本港署督与大学监督均允届时亲临执绋。查张君享寿七十有五岁，经营商业凡六十年，初本由穷家出身，一八五八年侨居北打威以种植而获大利，随在南洋各埠大张矿务，至一八九三年受中政府委任为庇能首任之领事，翌年即升任为星洲之总领事。一九〇〇年回国进京，钦赐头品顶戴，又任为两广及福建路矿总办，及至民国成立，袁世凯授以二等嘉禾章。其一生对于天旱兵灾等事皆乐于助捐、又好提倡学务，略计其捐出之款约一百万元。香港大学张君亦助基本金五万，惜天不假之以年，否则于来次大学聚会，彼将得法律博士之荣衔。"①

11月11日，郑观应等人在《华字日报》发表启事："张参政弼士老先

① 《华字日报》1916年11月11日。

生灵柩本日抵港船泊招商局码头，我辈忝属世戚友谊略表微忱。定于旧历十月十八日二句钟在码头致祭，四句钟发引，权厝于九龙大环铸玻局。谨此布闻。"[①]

11月13日《南华日报》的报道中提到，移棺仪式本定于11月2日举行，但由于汽船延误的原因，移棺仪式改期为11月13日，移到九龙湾大环铸玻厂举行。文中提道："由于汽船延误原定11月2日举行的移棺仪式移到九龙湾大环铸玻厂，定于11月13日星期一举行。诚邀亲朋参加仪式，地点为招商局码头。时间：当日下午3时。"[②]

11月14至17日，其子张应兆等在《华字日报》发表鸣谢："先严灵柩过港，蒙戚官绅友惠临赐祭，并远送执绋，殁存均感哀。此鸣谢。"[③]

第二段路程，从汕头，溯韩江，返故乡。聘请洋乐队一路吹打，鞭炮长鸣。韩江两岸民众，纷纷自动设牲吊祭，悲失爱国华侨领袖。设三牲者封赏50大洋，全猪牲品则封赏100大洋。还有值得一提的，张氏曾发起修建的潮汕铁路，免费半月乘坐火车，以示哀悼。

灵柩抵达车轮坪后，父老兄弟，亲朋好友，还有素不相识而仰慕遗风的各界人士，急忙赶来追思悼念。治丧时间长达七七四十九天。当时，全村民众都积极参加帮办丧事，家家户户不必自己做饭，以"礼铳"三呼为号，即可到张家大院就餐。安葬之时，绕村一周，人流如龙，幡飘似云，既热闹又肃穆，成为当地空前未有的盛大丧礼。[④]

---

① 《华字日报》1916年11月11日。

② 《南华早报》1916年11月13日。

③ 《华字日报》1916年11月14日。

④ 陈丹心：《张弼士：清末民初的华侨领袖》，载韩信夫、杨德昌：《张弼士研究专辑》，社会科学文献出版社，2009年，第109页。

孙中山得知噩耗，万分悲恸，派代表赠花圈，并献挽联："美酒荣获金奖，飘香万国；怪杰赢得人心，流芳千古。"

1917年5月，黎元洪大总统特遣广东省长朱庆澜祭祀张振勋，送祭文曰：

大同世界 环球埭通 何以立国 惟富斯雄 富国之方

厥惟商战 不有健者 孰窍其变 张君卓识 计赢称奇

研桑修备 白圭观时 文东噶啰 英荷之属 建墙种树

其利维沃 玻璃五色 葡萄万株 取彼新法 宏此远谟

猗顿盐池 李克地力 后来居上 广兹赁殖 育才兴学

嘉惠侨民 毁家纾难 泽及乡邻 报聘之行 惟资富弼

由美而英 荷兰重历 考察商务 溽暑遄征 流金铄石

逐殒厥生 提倡之功 良不可没 灵兮有知 享此肴核

送挽联："念粤中实业萧条，惜彼苍不留此老！比汉代输边踊跃，问当世更有何人？"撰碑文：

中国据神皋广垠开辟余二千年。凡邻近之土寓皆其文化所渐被民俗朴厚，居俊习勤，尤它族所不及。顾重乡井不轻出，其涉远海殊域大抵皆见侵迫至不得已，或为外族佣贩漂摇羁厄困顿不可名状。顾以坚忍善积数十年间，辄由徒手起家累资财数百巨万者，先后相望至数十万家，而尤以南洋群岛为最著，新加坡，婆罗州、亚来由之属，皆华族侨民之所绵蔓。百余年来，甚众益兴，都市田畛，连阓比阛，骈罗纷积，与欧西相抗衡，可谓盛矣。夫以孤悬浮寄无着之民，亘古不相统摄，尚能驯致，大群炽昌，如此苟有豪杰君子为之提倡号召，以文明之治，法部勒之，使浸长而争雄，其影响于国家，乌可量邪，惜乎不得，其人幸而有之，又不克竟其所为而死也。如前参政院参政张君，兹可为悼惜者矣。君讳振勋，字弼士，广东大埔县人。由商业起家，致产数百万。前清光绪间，于南洋各埠，辟地兴垦，在荷属噶啰吧埠，创办裕和公司，种植米谷椰子。在怡厘埠，种植胡椒。在日里埠，种植树胶、椰子、加非、茶树，并设日丽银行。在英属文东埠，建置商场，采办锡矿。而在槟榔屿，种椰尤盛。其归国所兴创者，则有芝罘张裕酿酒公司，广州裕益砂砖公司，亚通织布公司，福兴玻璃公司，雷州普生机器火犁垦牧公司，福裕盐田公司。皆取外国新法，灌输吾国，开通风气，振兴实业，经营十余年，成效昭著。光绪癸巳，经出使英国大臣照瑗委为驻槟榔屿领事官。甲寅调新加坡总领事官。庚子大学士李鸿章奏调回华随办商务，委任督办顺直赈捐，总办佛山铁路。癸卯三月，召见。特赏侍郎衔，以三品京堂候补。旋加头品顶戴，补授太仆寺卿，充督办闽广农工路矿大臣。庚戌，南洋劝业会充广东出品协会总理。民国成立，前大总统电召入都，任命考察南洋商务，筹办内地开埠事宜。三年，任命为约法会议议员，参政院参政，给予二等嘉禾章。历充全国商会会长、广东商会总理，凡有关侨民之生计，实业之企划，无不谋骏骏访于君。中外属望，咸欲叩其夙蓄迪我邦人，声誉轻轻日隆，而君已不及待矣。五年四月，派往美国聘充实业团团长，沿途考览，弹竭勤劳。由美回国，复赴英、荷，冒暑长征，竟被疾而卒八月十五日也。年七十有六。子八人。振勋君植品端悫、兼俭自持，平居节约殊甚，惟务施与水旱荒灾，无不周济，所捐助义殆十万元。尤眷怀大局，在槟榔屿创办华侨学堂，以兴教育、鼎革后独捐数万金，以充军饷，维持秩序，乡里赖之。皆其荦荦大者。振勋君植品端悫、兼俭自持，平居节约殊甚，惟务施与水旱荒灾，无不周济，所捐助义殆十万元。尤眷怀大局，在槟榔屿创办华侨学堂，以兴教育、鼎革后独捐数万金，以充军饷，维持秩序，乡里赖之。皆其荦荦大者。国基稍定，方欲远抚，长驾驰域外之观，侨民事业，尤政府日夕蓬念思，所以振作而利泽之者。君之声光材力可倚畀，以大有所为。惜乎，其遽逝也。粤大吏列上事实，既优恤如例，余维君之生平关于国家者大，爰立碑纪绩而系之以铭。铭曰：

瓯闽以南 厥惟南海 越裳朱厓 砀于无外 炎州热属

裸国鲛民 巴且梭桐 蔚暨常春 谁辟其居 卵此大族

深目多髯 飞而择肉 权不我操 力难自卫 以枋授人

吁其可喟 环瀛血战 或变而商 菁华所聚 攘袂褰裳

小智自私 倾身一饱 杰士不然 目营八表 不登其堂

不脐其毂 破浪推锋 极我能事 终其所获 光气熊熊

雄飞域外 酌注寰中 鼎鼎大名 华彝攸仰 海国狷陶

并时无两 方资借箸 宏此远猷 云何不淑 遽首山环

国胡以兴 匪富不克 勒铭载碑 昭此懿德

一时间，社会名流也纷纷对张振勋的逝世表示哀悼，送来了挽联：

南人光祖国；

天际以归魂。

———著名学者章炳麟

公为商界再世陶朱卿绥曾赝共仰斗山谁抗手；

我是此邦重来阮肇人琴安在只从瀛海一招魂。

——广东财政厅厅长严家炽

赤手成家鹤算长延将八秩；

丹心为国跋征垂老历重洋。

——粤海道尹王典章

警察厅长王顺存

是粤海后第一实业大家才识恢宏远来近悦；

话沟壑中无数灾黎性命声名洋溢生荣死哀。

——南韶镇守使隆世储

外洋华侨硕彦君著名孰意榕轩隐去君又殂丧巨擘空教驰欧美；

中国实业大家如公有几那知杏荪云云亦恒化伤心莫再说富强。

——津浦铁路督办大臣吕寰海

曾与郭有道同舟航海三万里而遥岂止交情盟白水；

谁为陶朱公作传读史五百年以后当推实业导先河。

——富商陈廉伯

各地商会、商店、公司也纷纷送挽联哀悼：

读货殖传自具精心仰瞻学富经猷先路导中华轶后空前光耀古今廿四史；

为陶朱公别开生面纵使神归箕尾遗型兴实业凌欧迈亚名满东西两半球。

——京师总商会

是实业界著名大家创办农工路矿公司利源独辟君长联合会维持桑样热心万流共仰；

举世同悲为华侨中有数人物追溯英美荷兰诸国政绩犹存星陨噶啰吧顿令云山惨淡。

————奉天总商会

实业遍南天有广厦万间到处铸金留肖像；

讣音惊东亚续悲秋九辩那堪宋玉赋招魂。

————宁波总商会会长费绍冠 余承谊

是实业大家是慈善大家况复年来多政绩；

为华侨崇拜为外人崇拜岂徒国内遍哀歌。

————湖南总商会

生荣死哀可称全德；

富贵寿考是为令终。

————云南总商会总理陈德谦 协理周忻 暨全体会董

慕端木高风读货殖列传具毅力泛重洋事功远播实业界共仰泰斗；

师杜康奇术酿公瑾醇醪辟利源塞漏卮讣音猝至尘环内同哭陶朱

————济南总商会

经商有志仕官无心实业创名区论世应超货殖传；

爱日方长福星忽陨讣闻传噩耗海外又弱慈善家。

————哈尔滨总商会

膺前清显位参民国政权心小才高华侨生色；

开锡矿财源辟盐田荒地济人利物福寿攸归。

——南洋三宝垄会丰商店

芳躅寄南洋惨淡经营中外交通侨客乐；

仙魂归东粤波平浪静哀荣备至福星高。

——庇能埠会丰商店

任团长以报聘美洲玉敦珠槃光增祖国；

登仙境而魂归东粤福全德备泽荫儿孙。

——南太平洋商埠会丰商店

任军饷赈水灾弘力奇谋拯救无穷性命；

农工兴路矿辟苦心孤诣挽回外溢利权。

——南洋全堡埠会丰商店

兴水织设火犁效法欧西为中国创无穷利路；

启善堂筑医院眷怀故里遗儿孙保永赖安康。

——南洋棉兰埠会丰商店

辟锡矿以救农民丰裕非因身后计；

悯华侨而登仕版官阶岂动老人心。

——坝罗埠会丰商店

声誉遍南洋以华侨而入仕途邀数百年之盛典；

富贵归西极本多男而膺寿考实千万国之奇荣。

——南洋八打威三昌公司

真力量真精神只身涉重洋所经埠埠财源叨优胜；

大富贵大慈善一心扶中土到此人人称誉叹无双。

——荷属泗水中华公司

是商业大家是管学大臣半生来壮志恢宏岂徒祖国流芳欧美人人钦硕望；

以中秋归真以冬至归里数月间沿途祭奠微特汕江执拂华洋处处送灵輀。

——汕头总商会

是实业家是外交家是教育家缅兹旷世奇才化鹤长辞思旧雨弥增感慨；

为军饷助为学费助为灾赈助念此万家生佛骑箕竟去忆前尘无限欷歔。

——广州总商会会董廖养吾

其侄孙好友也纷纷送挽联挽词表示哀悼：

数十年涉迹重洋没齿不懈冒险精神允推独富；

千万里力图实业与世争优爱国思想愿忽偕亡。

——宗侄寿宇 普生 绍基

廿余埠基业宏开美公富比陶朱群推为噶啰吧工商领袖

数十载芝兰谊洽此日归来丁令曾否记春申浦仙佛同人

——如弟郑观应奉子润鑫

君胜卜式 多才多艺 匪惟富国 尤善交际 费数百万

振兴工商 葡萄制酿 铁路银行 盐田沙砖 玻璃布厂

南洋各岛 开垦尤广 丰功伟业 名播五洲 兴学助赈

独运良谋 惟有一事 未竟厥志 功亏一篑 留待后嗣

拟在潮汕 创设婴堂 已置产业 建筑未遑 欲求长生

遍访先觉 虽谙丹诀 未随师学 我方北上 君说南行

考察商务 遽返玉京 临别遗书 道义交重 勉我速修

乐土与共 总君生平 乐善好施 应铸铜像 并建专祠

呜呼哀哉 大志谁继 勒碑刻铭 垂诸后世

——郑观应

张振勋一生艰苦奋斗，业绩辉煌，受到中外朝野如此崇高的敬仰，真可谓生荣死哀了！

第十三章

故居遗物

1

海外故居

1896 年，张振勋在马来西亚槟榔屿莲花街 14 号兴建一座富丽堂皇、古色古香的大宅，这就是后来张振勋遗嘱中提到的"张氏族屋"，也称作"蓝屋"。"蓝屋"起建之时，张振勋已成为清廷的新加坡总领事。在他的号召下，许多客家富商也纷纷在莲花街修建住宅，因此，也有人称莲花街为"客家百万富翁街"。

1991 年，张氏后人将当时已经破败不堪的"蓝屋"卖给了一对热爱建筑艺术的马来西亚华人夫妇，这对华人夫妇对"蓝屋"进行了修缮。

张振勋在槟榔屿修建的豪华府邸"蓝屋"保存至今，与梁璧如、谢荣光（梦池）等人的大屋比邻而立，成为历史文物建筑。

远在马来西亚槟榔屿的张振勋故居在 2000 年获得联合国教科文组织授予的"亚太地区文化遗产保护大奖"，马来西亚也准备就此申请为世界文化遗产。

2

梅州故居

名人故居铭刻着名人的历史，传承着名人的精神。张振勋也不例外，他在故乡梅州大埔的故居正犹如一本教科书一般，诉说着这位"红顶商人"的传奇人生。

坐落于张振勋家乡的大型民居"光禄第"，作为历史上客家人漂洋过海（"过番"）发财后回家乡光宗耀祖、显亲扬名的象征性建筑，亦才兴建于光绪三十四年（1908年），由此可见张振勋并非一个肤浅的商人。另有资料显示，张振勋当时虽然"比皇帝还富有"，但在外乡捐助的公益事业远远超过在家乡的，其胸怀之博大由此亦可见一斑。

张振勋的故居"光禄第"为客家民居的精品建筑。"光禄第"其名取自张振勋于光绪二十九年（1903年）觐见光绪皇帝时获授的正一品官衔"光禄大夫"。"光禄第"属土木结构建筑，为三进院落府第式四横一围楼，其主题建筑包括18个厅、13个天井、99间房，并设有花园、果园、书斋和私人码头，修建时间历时11年，最多时能住100多人。大埔"光禄第"是典型中国园林式豪宅，代表清代的中国具有客家民俗风格官府院第的建筑物。屋后有码头、河流沙滩、翠竹绿树，房前是水田菜地、池塘村落，一派田园风光。令人不可思议的是，这座自1908年建成的故居后院地上从来没有长过一丛草，而5棵杨桃树却长得粗壮而挺拔。

　　"光禄第"，整座建筑坐南朝北，建筑工艺极精湛、绘雕并齐、雄浑严谨、堂皇大观，是一座三堂四横一围的客家围龙屋。中堂左右梁柱上书"学天下好人，养胸中正气"的对联，堂皇大厅穿凿鎏金的麒麟凤凰及飞鸟走兽形态逼真，两侧厢房的屏风雕刻精细、金碧辉煌。正厅悬挂"五知堂"匾额，昭示张振勋一生"仁、义、礼、智、信"的处世操守。大厅两旁斗拱有木凿鎏金通花金狮滚球，正门顶灰塑李鸿章手书的"光禄第"屋名，是一座典型的客家民居围龙屋。民国时期岭南史学家陈梅湖曾在《清太仆寺卿张弼士传》描述："人处其中，恍在阆苑。"

　　"光禄第"主屋为三进院落，屋内石柱或方、或圆、或菱形，风格各异。尤其是中厅两侧的 4 根圆形石柱基座，上为莲花瓣，中间菱形，下为四角形，设计独特，工艺精美。中厅梁架刷上朱红色，显得宽敞堂皇；后厅较小，堂中悬挂"五知堂"匾额，下设祖堂，摆放花岗岩案桌和神龛，神龛上面安放屋主先人的神位牌。上厅还挂有张振勋画像，像中屋主人气定神闲，长脸细目，目光炯炯有神。

　　中堂是接待客人和家族聚合、议事的场所。两旁的厢房中堂的屏风雕刻精细，金碧辉煌，这些都无不体现一代商界大亨的豪华气派。上堂是置放张振勋牌位和祭祀的地方，上堂左侧第一间房为张振勋起居室，两旁厢房则是接待室。无逸亭在"光禄第"右侧原上花园，亭内布置了石磨、砻等客家先人生产工具。原亭内有联，曰："无事还当师远黉，逸情岂必羡流觞"；"无事消闲观稼圃，逸才修禊会兰亭"；"无处不栽花记频年纵览迤编名园矧当秋水临门两三人野航恰受；逸亭常饮酒得意日倾谈应多雅韵且待春风满座六一老乡杖还来"。百果园设在"光禄第"右侧原上花园的后围，种植了荔枝、芒果、木瓜、桃、李、枇杷、黄皮果等名优水果近百种。近十棵荔枝已有百年树龄，据说是"光禄第"建好后张振勋亲手种植。

近年来，"光禄第"成为人们观光旅游和接受爱国主义教育的重要场所。2021 年 5 月，张振勋故居"光禄第"被评定为国家 4A 级旅游景区；2019 年，被列入第八批全国重点文物保护单位；并先后入选"大埔县学生德育基地""梅州市中小学生研学实践教育基地""梅州市爱国主义教育基地""嘉应学院实习基地"。

在张振勋 180 周年诞辰之际，2021 年 5 月 20 日，坐落于广东省梅州市大埔县西河镇车龙村的张弼士博物馆正式开馆。弼士博物馆用地 4230 平方米，建筑面积 2647 平方米，分为 5 栋建筑，以张振勋人生轨迹为主线，规划建设有张弼士博物馆、弼士广场、弼士铜像、南洋起航雕塑、风雨长廊，以及故居游园小径，内部展陈分为 9 个部分，全方位展示其人生轨迹和张裕美酒，整个项目建设将抓住"文脉、商脉、绿脉"三条景区规划主脉进行，打造成展示"客商精神"、客家文化的重要窗口。

张弼士博物馆围绕张振勋生平故事、实业报国为中心，展现张振勋创办张裕、推动中国葡萄酒工业化发展的全过程，并通过设置沉浸式体验环节，让游客在寓教于乐中感受中国葡萄酒的历史文化底蕴。

张弼士博物馆内部展陈分为 9 个部分，全方位展示其人生轨迹和张裕美酒：第一展厅为接待厅，讲述张振勋简介；第二展厅为少年张振勋，讲述张振勋家谱及生平；第三展厅为南洋兴业，讲述南洋创业历程；第四展厅为家国天下，讲述实业兴邦故事；第五展厅为百年传奇，讲述张裕公司的创建历程；第六展厅为金奖可雅，讲述张裕公司产品类别；第七展厅为品味中国，讲述中国葡萄酒的发展历史；第八展厅为飘香世界，讲述张裕公司发展现状；第九展厅为品鉴美酒，主要体验酒文化。

3
遗物捐赠

张振勋一共有 8 个儿子，张剑豪是张振勋的第四子，从小随张振勋历练，毕业于波士顿大学管理专业，能说流利的英语、荷兰语、马来语、粤语、客家话和普通话。曾随父亲前往美国访问，担任中华访美实业团翻译。

张振勋去世后家族颓败，张剑豪从新加坡迁到香港新界艰难度日，"煮绿豆水都要把绿豆煲到'开花'为止"。[①]

由于家族的颓败，张剑豪很少给儿子张世昭讲爷爷张振勋的过往。再加上在张世昭幼时，张振勋就已离世，张世昭对爷爷的认识几乎空白，以致他在 50 岁之前都不知道爷爷原来这么厉害。直到张世昭到广州出差，在中国的网络中搜索"张弼士"一词，才发现祖父原来是赫赫有名的侨商。

2013 年 11 月，张振勋之孙张世昭再次来到广东茂名考察葡萄酒基地，希望进一步落实张裕国际葡萄酒庄在茂名投资建设的意向。张世昭获授权一直保管张振勋的档案。

"1976 年，我到了欧洲。一次在荷兰的博物馆里，发现有张奏折——我在爷爷的档案里也见过同类的奏折！原来是和张裕酒厂有关的，便凑上前去想看个仔细，没想到触碰了隔离带，两个警卫马上抓住我，问清情况

[①] 《发现侨乡 广东侨乡文化调查 3》，广东人民出版社，2015 年，第 164 页。

后，把我带到了馆长那儿。馆长听说我有同类的收藏，大为惊讶！我才知道这批档案如此'了不得'。"张世昭说，这次偶然事件让他意识到这批档案的重要意义。①

就是这批"了不得"的档案，张世昭精选出其中 20 件，于 2011 年捐献给了广东华侨博物馆。这批文物立刻引起了学术界的广泛关注。广东华侨博物馆馆长王明惠表示：这些档案所涉内容可谓事无巨细，包罗万象。比如，张振勋请人刻墓碑，请的工人是谁，价钱几何，何时交货，均清清楚楚。张振勋处事非常有条理，而且，具有高度的契约精神，因此，档案里可以看到大量的地契、合同、约定。很多是张振勋购买土地、工厂的证明，如葡萄种植场有多大，葡萄树有几棵，种子从哪儿来、何时进入，酒樽是哪儿做的。②

这批文物出现在公众视野中之后，张世昭也接到了来自各方的询问，其中包括著名的苏富比拍卖行，后者曾意欲以 24 万美元的高价收购张振勋在《香港日报》注销信息的报纸原样，但是被张世昭果断拒绝。因为在他看来，若是应允，这不仅仅是"孙卖爷田"那么简单，被禁锢在收藏家保险柜的还将是华侨自强自立的一阕史料。

有一次参观广东华侨博物馆，当看到介绍张振勋的展柜内空空如也时，张世昭当即决定捐出美国政府发出的中华访美实业团邀请函和清政府颁发的酿酒专利等珍贵文献。

---

① 《发现侨乡 广东侨乡文化调查 3》，广东人民出版社，2015 年，第 163 页。
② 《发现侨乡 广东侨乡文化调查 3》，广东人民出版社，2015 年，第 163 页。

第十四章
遗留文

1

张振勋拟呈银行条议

光绪二十年十一月十六日（1896.12.20）新加坡

谨拟设立银行条议开列呈电：

一、中国欲仿泰西设立银行，诚为富国利民之一大机关。其如何情形说贴已详言之，无庸述。但当创办伊始，不能不慎重其事。勋在南洋办理商务多年，日与各银行往来，颇知利弊所在，故敢略陈其梗概焉！南洋各岛著名大银行有四：一为荷兰握多厘；一为英之喳哒；一为英之有利；一为英之汇丰。其开办之始，莫不俱获厚利。查握多厘三十年前百元股票每年可获息二十余至三十余元，近年来仅获息六七元。有利、喳哒从前百元股票每年获息十余元，今仅获息七八元。惟汇开办未久，生意正旺，每年百元股票获息二十余元至三十余元。因该行等开设之时，其管事当手皆商务中人，熟悉市面并各处货物消长，信息灵通，心敏手快，故能操奇致赢，获此巨利。及日久前管事当手已退，后来管事当手者多其子侄辈，虽承其业，于市面商情生意等事懵然罔觉，惟寄耳目于买办（外洋称曰茄实），一听其倒，得利日微，职是故耳。可见银行之得利，全在乎管事当手之得人。今中国开办银行，无论现下将来，管事当手必需除去官场气习，皆用熟商务之人。语云，为政在人，吾于银行亦云。

二、管事兼用西人，必须择其曾在各银行当手办事素有名望之人，始能与各国著名银行联络气，遇有缓急汇画可通。又聘请西人与订合同，必须载明准华人总管随时查察，如有弄弊等情立行辞退，即无弄弊等情，不能事亦准辞出。惟加给三月或五月薪水，不得异言，以免挟制，此要着也。至用华人必须有殷实体面之人担保，并订立合同。如有亏累，一惟保人是问。

三、银行招股袭轮船招局意面变通之，先集商股五百万两每股一两，共成五万股，作三期汇收，先期收二五两，次期收二十五两，三期收五十两，诚意美而法良。窃谓开办银行需用银两，宜先期收四十两，次期收三十两，三期收三十两。先期收银即发股份票，注明收银四十两，准其按月计息；次期收银注明三十两，亦准照数按月计息；如有愿将百两股银于先期一概付清者，亦注明收银百两，准按月照百两计息。至股票买卖听其自由，及存借各款利息多寡，按照汇丰章程，极为妥协。

四、银票宜用精纸有明暗花纹者，以机器印造，外用华洋各文，以杜仿冒。分作两种：一为元数，一为两数，俱以值一元、值五元、值十元、值二十五元、值五十元、值一百、值二百、值三百、值五百数为率。宜奏准通行各省埠，所有本行银票准取现银，并输纳地丁钱粮、厘金、盐课、捐纳、关税、解京饷、缴藩库、作船资、电费，不折不扣一如现银，此第一要义也。又画地销售多所窒碍，不如通行各处更形利便，销票必畅，获利必多，水火虫咬，道路遗失，亦必不少，较之汇水获利何止倍。且各行银票宜有别样暗号，细戳须极秘密，除管银票人外虽同事勿令使知。钤印于票角，使各行一认知票从何来，如此虽有伪票不能施行矣。

五、铸银元。洋银流入中国，通商各省埠岸多用之，易于携带，人多称便。近粤、鄂二省自铸银元收回利权不少。窃谓设银行必须自购机器铸造大小各银元，成色宜准定如何、成色不宜时低时高，准各处通用。且宜购一化学机器，每日将所银元一二枚化出，以验成色高低，以免工匠弄弊。上年张香帅督时、所造银元甚好，人皆乐用。近省所小银成色过低，不能使用，此皆督造及工匠参铜太多之弊，可为明鉴，此其大略也。至若行中一切章程，有汇丰之成法可仿，其一切情形利弊有西人业银行生意者可询，无庸勋赘也。张振勋谨拟。

2

张振勋致盛宣怀函（一）

光绪二十六年七月二十日（1900.8.22）新加坡

　　督办大人阁下：敬禀者，窃勋沪起程时连叩谒三次，未蒙赐见。谨将各节逐条缮禀，由郑陶翁转呈，谅邀钧鉴。勋于十七日即乘法邮径赴新加坡，二十七早抵岸。

　　敬再禀者：前总行议换用粤行大班一节，勋抵港备询各节，荐举者虽多，究未得其人。查有刘展廷，家道殷实，人地亦极相宜，兼有区萝屋出面襄助为理，似此得入，粤行庶乎自有起色。惟刘展廷是否可充粤行大班，伏乞宪台饬议妥，庶于银行大局有裨。并请嗣后银行一切事权，宪台独自主之，无须各董互商，致多迁延。前勋已有面禀，惟以大局关，故不得不再渎陈。至新加坡、槟榔屿的两处代理，容日见面如何再察。肃此，再叩钧祺。

3

再察张振勋致美德伦函

光绪二十七年十二月初二日（1902.1.11）

美德伦先生阁下：十月十五日手布一缄，谅邀英览。请将在沪议定港行华大班换人当俟津行妥贴，以及督办进京商议大局平定再行酌议，现照旧办理各意，由台处另致函与拉打，俾其知悉此中情由，以便遇事可与冯耀东商办。迄今日久，尊处不曾将在沪面商各节另致有函与拉打否？盖以香港银行当年终之际生意正旺，即明年生意盛衰亦于今年冬成先立其基，若不函示拉打，诚恐其仍执前议年终换人，以致各事不与冯耀东互商，即耀东亦以去留未定而洋大班又不与之互商，亦不敢太为招徕生意，似此不特港行受亏，即总行生意亦难保不无减色。关系银行大局，良非浅鲜，伏祈早为函致拉打，幸甚盼甚。手此；即请筹安，诸惟远照不一。愚弟张振勋顿首。十一月二十日。

4
张振勋致盛宣怀函（二）

光绪二十七年十二月十二日（1902.1.21）上海

督办大人阁下：敬禀者，窃勋于本月初三日谨具一禀，分条禀请各款，初九日又电一禀，谅已先蒙钧鉴。所禀请各款可否俯如所请，抑或如何之处，伏乞电示遵行。黄沙事头绪纷繁，非事权专一，地方官宪维持，断难为力。现美公司迭电催促，中国官场积习又无少改。勋材疏任重，深惧丛愆，务恳宪台别有以教勋也。伏查通商银行自遭拳匪之变，京津两行巨款无着，银行大局为所牵动。旋因香港分行华、洋大班不睦，致议华大班更换新。盖港行华大班换人与否，与勋原无损益，特以总行使出银纸许多，而港行易人本非港商素愿，万因此鼓噪，售股票，造谣言，恐大局摇动，致难支持。勋忝列总董，更为声名攸关，故迭次禀呈者为局计，非为冯大班计也。前次到沪，将港行换人当俟京、津两行妥定再议各节面禀明悉，经已蒙允准，商诸美德伦亦以为然。故由沪到港，已将此意传知冯大班，停可照旧实心办事。前据冯大班禀称，总行乞无留办之信。勋因而两次函商美德伦，嘱照沪商定暂留办各节，禀请宪台核准冯大班照办。接沪信云："美德伦禀请时，而宪台仍以年内另易新人为议。"沪信所言，如不卜确否？如果事，窃恐大局多所窒碍，伏乞详察。勋前月住港颇久，银行弊端经已查悉，并有华商条陈银行格外办略，查照此办法于银行亦甚有

益。因近为黄沙事，故无暇计及，容俟详查清楚，再缮呈钧察。谨禀，虔
叩崇安。职道振勋谨禀。十二月十二日。

5
中国通商银行大概章程

光绪二十三年正月十九日（1897 年 2 月 20 日）

一、中国创设银行钦奉上谕，选择殷商，设立总董，招集商股、合力兴办，以收利权，系为通商兴利起见，因奉特旨开设，应即名中国通商银行，并拟请存官款，以示官为护持，与寻常商家自行开设银行不同，俾昭郑重，用垂久远。

二、原奏京外解拨之款，交本行汇兑、可以减省汇费；公中备用之款，交本行生息，可以有益回帑；各口岸、各省会及各国都会，均须设立分行，以便就近承汇领放。

三、本行奏明用人办事，悉以汇丰为准而参酌之，不用委员而用董事，不刻关防而用图记，尽除官场习气，俱遵商务规矩，绝不徇情，毫无私意，总期权归总董，利归股商，中外以信相孚，出入以实为主。

四、上海为总行，准于光绪二十三年春间开办；京都分行亦同时开设；此外，各口岸、各省会分行须次第开办，均各加一地名，如京都分行，即名为京都通商银行。惟各国都会则名曰中国银行。

五、各口岸、各省会及各国都会，本银行未经设立分行之前，应择该处公正殷实之行号，先行代为接转汇票。俟设分行后、即毋庸代理。

六、本银行资本规银五百万两，分作五万股，每股一百两。招股开办时，付银五十两，第二次续付银二十五两，第三次续付银二十五两，照有限公司例，每股付足银一百两，作为完全，以后毋须再付。其第二、三次应付之银，亦须俟总董公议，加添之时先两个月登报知会，再行照付。如日后本银行生意兴旺，分行推广，于原股五百万两外，应再加添股份，由各总董议定，加添若干，先尽原股东股数照加；如不愿加，再另招新股。

七、先收股本规银二百五十万两。盛大臣认招轮船、电报两局华商股份一百万两；各总董认招华商股份一百万两；其余五十万两，应听各口岸、名省会华商投股。自登报之日起，上海本地以一个半月为限；各口岸、各省会以三个月为限；照西法先行挂号，限满截数。凡投股者准给股份数目，应听董总核给。至交股银，或就近交各处招商、电报两局代收，由该局先行出具收条，再寄由本总银行换给收单；抑或经寄上海本总银行交纳给单，均听其便；统俟股票填齐，再行换给。

八、本银行系奉特旨，招商合力兴办，公议拟请户部拨存生息公款二百万两，以示官商维系，取信中外。开办之初，先收商股二百五十万两，准领生息公款一百万两，余俟续收商股时，再请拨领。至生息年限章程，应俟盛大臣咨商户部、再由各总董会议请奏咨定夺。

九、本银行照西例，按六个月结账。股东官利，拟定长年八厘。如八厘之外盈余，即为余利，应由总董股东公议，先酌提公积若干及分给总、分各行董事人等酬劳若干，其余按十成分，计以八成分给股东，以二成报效国家，藉答国家专准本银行行银票、铸银钱、存放官本、汇兑公款及一切保护维持之利益。至公积，俟提至五百万两，应否停止，届时再由总董酌议办理。

十、总行实任总董拟十二人为度，除已选立外，其余续添各董，仍须公正厚实，声望素著，招集巨股，为股商信服者，方可选立；并于实任总董之内，随时议举在沪熟悉商务三人为办事总董（或限定期日，或不限定期日）。一切总董办事会议章程、应有权柄，悉照西国银行规矩，详列条目，以资循守。

十一、本银行办法均照西国在中国所设之银行，故总行及京都并通商大口岸暨各国都会，均用西人为大班，生意出入银钱均归大班主政，买办辅之。遇有要事，应由总董会议签押，然后照行，以期周妥。将来中外分行广设之后，并须选派一精通商务体面西人为总大班，调度稽查各行之事。其余小口岸及各省会所设分行，均用华人经理，不派大班、买办。

十二、本银行既照西国法度，总董尽举华人，此外应请在沪之公正殷实、熟悉商情之西商两人为参议。遇有会商要事，应请西商参议一同会议，作为公证人，以期折衷至当，见信中外商家。

十三、大口岸、大省会分行，准在该分行本地选举认股最多者立为分董，专管本地分行之事，仍须总行各总董及股东公举。

十四、银行买办向归大班所用，本银行全属华股，总董全是华人，所有总、分行买办，应由总董公举，仍照西国银行之例，取具殷实人保单或保银存库，并议定办事权柄，订立条款，一存银行，一交买办，彼此执守。

十五、上海总行大班，已延定英人美得伦，系在汇丰银行数十年，熟悉中西银行生意；买办已延定陈笙郊，系钱业董事，声望素著，众所交推；仍照西例，分取荐保单存库。其应予权柄，各总董会议，给付单据。其本行应用洋人，归美得伦选荐；应用华人，归陈笙郊选荐；均须熟手，以专责成。

十六、西国各银行在中国地方存放银两，息分久暂，不过常年二厘至五厘为止，而放款、押款利息，每年六厘至一分二厘不等。其放款按拆息时日甚暂，其押款按时价折减甚多。本银行应照西国银行严谨办法，画一不二，不徇情面，必须有货物等件抵押，并有妥当人担保，方可押放，以期有利无害。

十七、本银行奏明准照汇丰印用银两、银元各票、凡各五种，计银一百两、五十两、十两、五两、一两；银元亦如之。京都、上海两行准先出票，照汇丰所出香港、上海票式办法，各照各处市面通用平色，如沪票至京行取用、京票至沪取用，亦悉照汇丰折算办法办理。其出票银数，总不逾实存银两之数。

十八、本银行代各省官司借贷银两，应照西例，由总行总董及总理洋人查明，须有抵还的款，方能议定订立合同，禀明户部批准立案，照汇丰银行代国家借款章程，印发借券，应收年息归行取付。

十九、原奏本银行准铸银钱，应俟总银行开后总董会议请由盛大臣奏定章程办理。

二十、上海拟设商会公所。凡有铁路、轮船、电报、金矿各项公司，均在商会之内。所有铁路、电报、金矿各处款项，凡与本银行往来者，一切悉照章程，毫无偏畸。

二十一、汇丰银行开办之初招股一千万元，股东亦系分期限收现。查光绪二十二年结报，除历年分利外，已积存公积六百万元；保险二十五万元；发出通用银票九百余万元；各处存款六千一百三十七万余元；存金约五千七百十九万余元；汇单一千四百八二万余元。现计每股本银一百二十五元，股价可售三百七十五元，已加至二百五十万元之多。可见银行之得利，全在管事之得人。今中国开办银行，无论现下将来管事一切人等，必须无官场习气，熟悉商务之人，方可得力。

二十二、本银行每届半年，须将一切款项核结清楚；照汇丰办法，由总理洋人刊印总册，分送各股东及公家存查。至刊送，以结账后三个月为限，不得再迟。

以上章程二十二条，系各总董参酌汇丰银行章程，公同议拟大概办法，虽由盛大臣核定，其余详细条款，应再由各总董详细会议开办。

光绪二十三年（1897年）正月

银行总董：张振勋（弼士）、叶成忠（澄衷）、严信厚（小舫）、杨文（彝卿）、刘学询（慎初）、严滢（芝眉）、陈猷（辉庭）（严芝眉病假派令代理）、杨廷杲（子萱）、施则敬（子英）、朱佩珍（宝珊）。

6

张振勋侍郎奏陈振兴商务条议

光绪二十九年（1903 年）

农工路矿宜招商承办议

窃自海禁开，而外洋各国遂得藉商战，以争利於中原。盖尝览通商口岸诸册籍，而稽土洋各货出入之数，不禁色然，惊抑然，也。溯自光绪十八年至二十一年，洋货入口价值多於土货出口者，岁不过三千余万。迨二十二年，陡增至七千余万。自是岁，常六七千万不等。日新月异，尚不知何所底止。论者只谓，乙未庚子之变，偿款至六百五十兆，以是为财力日匮之虑，不知此犹有形有限之漏卮。而岁输六七千万於外洋之货价，乃无形无尽之漏卮，犹可深虑者也。夫天地生财只有此数，华人失之，华人得之，犹是周转於内地。今乃括二十二省之精华，岁输之外洋，中国财力几何能堪此朘削乎。故无论列强环伺，势将岌岌。即就商务一端，已有不能自支之势。此诚危急存亡之所关，不可不亟筹挽救者也。挽救如何，振兴商务已矣。兴商务如何，开办农工路矿已矣。虽然今之谋国者，亦尝以商务为言，亦尝以农工路矿为事，顾何以几经告诫，几经整顿，而商情涣散如故也，山林不辟如故也，水利不兴如故也，工艺不振如故也，即铁路、矿务亦开办一二，而实藏满山支路遍地，其弃而不取，不修亦如故也，则是欲兴未得其法，而非商务之不能兴也。古者寓兵於农，臣窃师其意以治商，而知商战之道，必寓商於农，离商於工，寓商於路矿，而后可。盖农工路矿动需巨本，当此库款支绌，财力困敝。问诸国，而国已无币之可拨；问诸官，而官已无款之可筹；问诸民，而民更无力之可顾。除息借洋款外，其能凑集巨资承办一切者，惟赖於商。查外埠商务所以日盛，皆系农工路矿悉由商人设立公司，凑股承办，合众人之力，以兴一切之利。故其事易集，其效易成。今欲兴办农工路矿诸务，非集商力，从何而得成效。无成效，则出产日少，贩运日微，势不得不拱手而让洋货之独行。洋货独行，则利权愈失，国势愈不可问。如欲抵制洋货，力顾利权，舍商更无他法，舍农工路矿招商承办，亦更无他法。夫农工路矿既须招商承办，则必须归并商务一部，而后统筹全局，一气贯输。否则，事权不一，亦非商战之利。譬诸治兵：商部，统率也；商务大臣，将领也；商民、士卒也；农工路矿，士卒之战具也。无战具，则无可抵敌；无统帅，则无所指麾。皆相须为用者也。人皆谓中国贫穷特甚，罗掘几空、无可为战。以臣观之，中国无地不可以生财，无人不可以生利，实富甚也。特患不为谋生利之源，日事搜刮，斯易匮耳。诚如臣言，寓商於农，水利山荒由商而承垦；离商於工，百工群技由商而招集；寓商於路，旁支分叉由商而接续；寓商於矿，金银铜铁锡煤由商而开采。商务兴，则农工路矿无不兴；农工路矿兴，则人力可以尽，地利可以开，物产可以丰，不特出口货物可以旺，内地时力可以纾，而且国家赋税可以增，百姓生计可以足，数十年外溢之利权可以挽，富强之基实系于此，战胜之道亦在於此。臣商人也，窃愿朝廷以商战收回利权而已矣。

7

招商兴垦山利议

中国地大物博，然开辟地利，讲求物产，实不如外洋。外洋尺地可以兴利者，皆不情工本，极力经营，故以区区之海岛而日富以强。中国虽有博大之名，而地利物产多弃而不讲，故日贫以弱。试观各口岸租界之地，皆昔之野岸荒汀也，南洋新开各岛，皆昔之荒荆丛菁也，一入西人之手，不数年，而繁盛过於都市，价值高於沃壤，是此地运使然哉，亦人力辟之耳，且借中国人力辟之耳。夫外洋借中国之人力，以辟其利，而中国之地利，反不能自用其人力，是此外洋之人智，中国之人愚耶？非愚也，无所用其力也。今夫地利之大有二，曰山，曰水。山利之大者亦有二，曰开矿、曰种植。请先言山利。外洋之於山，赁地以开矿，购地以种植，皆有定章。故中国之人亦乐为承垦。中国之於山，虽欲承垦，而无由，故无所用其力，何者？盖山有官荒，有民荒。官荒无所主，苟有人承，即群起而谓为己业，势不至，争讼不止。民荒虽有所主，然主者不能自垦，苟有人承垦，则故昂其值。既无一定之章程，地方官又不为之主。是以欲承垦而无由，虽有力而无所用，而荒弃者比比也。今欲开辟山利，宜先将官荒、民荒彻底清查，分别招商承垦。除现有耕种，勿庸置议外，其余荒弃之地，倘系民间税业，限三个月内呈报商官，会同地方官验明契照，实有粮税、地名、界址相符，准其管业，注明册籍，限期开垦。如系白契，一概充作官荒，不准补税，以杜伪冒。凡系官荒，无论开矿、种植，悉由商人凑集公司，直赴该管商官，禀请履勘得实，既由商务大臣或商按察派员覆勘，测量绘图，注册存案，予以期限，实力举办，逾限不能开办者，另行招充。既民荒逾限不能自办者，亦如之，违抗者有罚。凡购民荒及赁地垦种者，均按照时值交易。有愿以租值充作公司股本者，听或荒熟间错有碍公司者，亦按时值归并公司，俾成片段。道路所经，悉准公司兴筑，承接干路，以便转输。一切由商官照律办理，毋许藉端掯阻。斯土著无所庸其讹诈，承商无所庸其顾忌，垦务自必日兴。兴办而后，地矿则酌收其租，种植则酌升其科，货物所出，则酌抽其税。开办之始，酌于试办年限，然后起征，以纾商力。如此明定章程，以自由之人力，辟自有之地利，兴自有之物产，而谓不能成富强之业，以制胜海外，未之有也。

8

兴垦山利种植议

　　山利收效之大，虽莫如矿，收效之久远，实莫如种植，矿利动需巨本，种植则随人随地可为，尤切于人生自用者也。外洋之山，莫不相度土宜，以讲求种植。某土宜某物，某种宜某土，皆有化学师为之考验，故垦植日多。如茶为出口大宗，外国向来所无也，今则印度要鸦、日本树茶矣。法之山苎，织为莲拿布，光滑如丝，亦各国所无也，今则英人亦能织造矣。又如木棉，中国弃物也，今则德人披之以为絮，织之以为绸。乌臼，中国贱物也，今则各国取油以为烛，取渣以为枧。外国之讲求植物类如此，故山无废土也。中国之山，其稍近民居者，间有种植，然已无大兴作，获利甚微。近世以来，生计日困，栽种日少，斩伐不时，滋生不及，物力愈敝。而向所荒废之山，则更弃之如遗徒，付诸秋冬猎火之一炬间。尝披览舆图，如闽、广、云、贵、四川、陕、甘、山左、山右等省，大抵山地多而平地少，顾山亦地也。地能养人，山岂不能养人耶。乃一任其濯濯也，不诚可惜哉。或者谓山之不兴，一由于民情之惰，一由于民力之穷，不知实由于官之无教化。夫惰者可化而为勤，穷者可化而为富，其道全在地方官为之设法而兴利。无如今之州县，非特不能兴利，即求其不扰吾民，已属难得。今欲兴办种植，非设商官，清查山荒，招商试办，奚以教导吾民哉。夫教民垦种，先在辨别土宜，考求物性。窃查山地之所宜不一，除本材之可为宫室、器用、樵薪不计外，有宜树桂，树桐，树乌臼，树箪麻，树茶子，树艾者，此数种皆可以为。汕有宜茶树，树木薯、红薯、岭芋、岭禾、穇粟及树竹笋、树姜以供食者，有宜树棉、树木棉、山苧、薯莨、树蓝、树樟以供用者。而利之尤莫如树果、如南方之橘、柚、柑、橙，北之葡萄、樱桃、苹果、雪梨之属，可供果实者无论，而其功用，实莫如酿酒。查百果，凡味甜而多汁者，皆可为酒。外国之酒、多以果为之。其以荞麦五谷之属酿酒者，如荷兰之梭呲，各国之噬酒、坡打，不过百中一二。盖五谷酿酒，发以曲药，洋人谓其性烈，无益於养生，名为恶酒，且伤害谷食，故税甚重，约比成本加税二倍。惟果则取自然汁，酝酿而成，不用曲药，洋人谓其性醇而有益，故税甚轻，并运脚不过加一面止，本国自用者，并免税。故果酿益盛行。如樱桃、苹、梨之属，莫不为酒，而葡萄尤为大宗，所谓葡萄美酒是也。中国之酒类，用稻、粱、黍、麦为之，岁耗民食不下四分之一，而其味之美、价之高，反不敌洋酒。则曷若仿照外国，开山种果，以果酿酒之为愈乎。查葡萄酿酒，凡七种，曰格黎勒，曰三宝，曰呻梨，曰伯盟，曰勃兰蒂，曰高逆，皆外国所嗜者。若中国能种植仿造，以其上品之酒出洋，可取回外洋之利不少。即以寻常之品，供民间日用之需，岁可省米麦之属亦不少。臣于光绪二十一年，曾呈请奏设葡萄酒公司於烟台试办，延聘酒司，买地种植，建造酒窖，购机试酿，几费筹划，经营考验，始有头绪，将藉此以开中国之风气，为兴商之先路也。乃议谓其夺小民之利，而地价日昂，扩种愈艰，地方有司置若罔闻。甚哉，兴利之难也。夫各省山荒，如此其多，诚能辨别土性，试验所宜，招商承办，厥有六利：随山植物，国无旷土向之山荒，变为沃壤，利一；哀多益寡，有无相通，土著之民，贷以资本，则穷者兴勤，以工值，则惰者勤，民有生业，饥寒可免，利二；耕植之余，加以牧畜，牛羊蕃滋，地以丰富，利三；山无草木，泉源枯竭，沙土崩塌，河流日淤，种植繁兴，盘根深固，土脉潜通，土膏流润，水源滋长，足资灌溉，利四；耕植日广、人烟稠密，蛇虫豺虎，种类消灭，瘴气不作，民无夭札、利五；中国民食，只恃土田，山利已兴，足辅农田之不足，利六。周业之兴，荒山可作，管子之霸，官山有书。今欲富国，窃愿于种植加之意焉。

9
兴垦山利矿务议

山利之大莫如矿，商务见效之速亦莫如矿。中国之矿所在多有，我所视为至穷至瘠之地，即外国所视为至富至美之地，顾外国之矿开之而效，中国之，除漠河、开平、萍乡外，馀或开而不效，或卒不能开，何哉？曰，其不效也？师匠未精也，资本不继也，汽机未备也。此三者无庸为之虑也。其不能开也，则绅士阻挠也，办理无力也，保护不力也。此三者不可不为之设法也。盖各属之产矿也，绅士往往视为奇货，多方阻挠。阳则以有碍水道田粮为词，隐则以有碍风水龙脉为说，愚民无知，一唱百和。若非贿托大绅巨族暗中得利，势必聚众相抗，地方官恐其滋闹巨案，先受一办理不善之名，是以不敢力主开办，反以有碍地方，禀请停止。大吏亦以舆情未浃，听之。为之商者计，自衙门至绅士，处处需贿赂，需干股干俸，是终岁，不足供无厌之诛求。往往虽欲承办，以致卒无成功，此阻挠之患也。议者知其然也，於是又创为官办之说，官督商办之说，及华洋合办之说，冀借官威洋势，以慑服大绅巨族，而免其阻挠也。然无论库款支绌，官办无可为筹拨，即使有可指拔，而一染官场习气，百弊丛生。官督商办，亦犹是也。资本出之商，而事权操之官，谁肯为者。华洋合股，其患尤大。今日华款不足，而合之洋股，明日华款不足，而合之洋股，洋股已多，要胁必大，势不至割地与矿不止。割地与矿，则民怨愈深，势不至激变不止。以臣愚见，息借洋款则可，合股则不可，合股而在别项商务则可，矿务则不可。盖息借洋款，犹不失我自主之权，合股则华与洋共主之，将恐华不能主，则洋独主之。合股而在别项商务，如银行，如工厂，无关地权者，抑亦无碍，即铁路已不可合，况矿务为外人所垂涎，开之门而揖之入，不适中其并吞之计哉。况华洋订约最难，得人一字未检，一言将就，即遗无穷之大患。近来中外约章，多失富者，诚可畏也，此办理之患也。其实矿务必由小而至大，所亏者少，所获者多，各省矿务，宜速招商承办，藉以收回自主之权。所患者，保护不力，矿利未均耳。今诚设商官、商律，以力为保护，又有均利之法，行之未有不可办者。均利之道如何？一曰国利，一曰官利，一曰民利。公司开矿动需巨本，动多亏折，抽税过重，势难招徕。窃谓税课不宜预定，宜量穴道之浅深，施工之难易，运路之远近，成本之轻重，以酌抽税之多寡。大抵开办之始，酌予期限，课税宜轻，至多不可逾什分取一之数，期满而后，因时制宜，不拘一格。斯取民有制，而国利均矣。官有禄入而廉，俸不足以代耕，故不得不收受陋规，此数百年相沿之弊也。若能明定章程，化私为公，酌照税课，加抽若干归商部以下衙门办公之费，则官利均矣。开矿之难，难在百姓之乐从，非必尽关风水也。五金产于山，犹鱼盐产于海，生产不已，取之何伤？况山川秀气无所发泄，则浑浑闷闷，钟毓不灵。尝见矿愈开而地愈旺者矣，未闻因开矿而人文衰息者。特以矿利所在，非彼此均沾，则人心不服。除地方绅富悉准入股，公司按本分息外，拟另酌抽红股若干。或不愿领取红股者，酌照税课，加抽若干，归作该邑里地方兴办学堂，公费交绅经理，则民利均矣。三利均，商人得尽其力以经营，则矿利无不辟，彼外人何所措手哉。

10
招商兴办水利议

天下大利必农，农田水利实富国富民之大本，而利赖及於万世者也。中国土田，广矣，大矣，然岁一不登，即米谷翔贵，饥民载道，筹捐筹赈，动需巨万，此岂土田不足哉，亦水利未兴耳。人皆谓水利未兴，多在未垦之田。臣谓水利未兴，尤在已垦之田。未垦之田无水利，大抵不过什之三。已垦之田无水利，殆不下什之七。未垦之田无水利，徒抛弃於荒芦蔓草之场，固为可惜。已垦之田无水利，则今年歉于旱，明年歉于水，三年耕，不得一年之食。虽有田，与无田等，是为尤可惜也。然尝披览历代名臣奏议，以及诸家著述，亦多以水利为急务，而卒罕见施行者，何哉？盖苦於无款可筹，间阎小民无力能为，乡曲绅富又不肯为，至地方有司，更无心以为。此所以几经年代，简陋相仍一，任旱于水溢听诸天地自然之数而无如，何也？天运回圈至今，特认一商战之局，极海外数十国，历一千九百余年蓄积之财力，争以奇技淫巧，驰骋於中原，每制一器，创一物，如轮船、铁路、电线、电灯、自来水之属，动费千百巨万工本而不惜。其他服饰、器用、玩好，举生民以来未有之怪怪奇奇，莫不由公司经营制造，以括中国之利，论者皆谓此古今一大变局，亦争欲以商务公司与轮船、铁路、电线工艺之属，以角胜於诸洋，然此犹末务也。夫岁一不登，即百货为之滞销，百工为之歇气，百商为之失利，不本之是图，而竞效其锥刀之末，奚当哉。夫臣非谓商务公司之可缓，轮船、铁路、电线之无用也，正谓有此商矿公司之资本，可乘其时，借其力，以开辟农田水利、固商务之根本，而创为万世永赖之业也。今中国之办电线、铁路、轮船，已不惜废百千巨万之资矣，独此农田水利实为商务之根本，可以足国，可以足民，且垂之千百世而犹食其泽，乃未闻有以是请者。非以百千巨万之难筹耶，而不知在今日则无难也，筹之如何？曰寓商于农而已矣。拟请明降谕旨，凡各省土田，无论已垦、未垦，但属旱荡无备，水利未兴者，着商务大臣饬各属商官，清查具报，招商设立公司，凑股承办，应如何开筑陂堤、坝堰、池塘、沟渠等项，以资灌溉而防旱涝。及租息应如何酌量均分，由公司与业主妥议章程，测量绘图，禀由商官履勘，转详商务大臣核夺，注册开办，实力保护。如有地方痞棍、衙虫藉端阻挠等弊，从严惩办。有能开办水利若干亩以上，优予奖叙，由商务部定律例，请旨施行。但得兴办三数处，实有成效，自可渐次推广。况水利工程大小不一，有费巨万者，有费数千、数百金而成者，随地可量力而为。与其已饥已歉而筹巨万之赈，究无补已填沟壑之民，何如未雨绸缪，为筹巨万之水利，其流泽更长乎。夫外埠华商，承垦山荒农田，开渠引水，以获利者多矣，倘合中外商民之财力，经营内地之水利，何难成富庶之业，地方富庶，一切轮船、铁路之用更为畅旺，则谓天特以商战之局为中国开，未有之奇，即为中国开万世之利可也。

11
已垦未垦均宜筹办水利议

　　大抵东南水利重在已垦之田，西北水利重在未垦之田。何以谓东南重在已垦也，盖东南各省人烟稠密，苟可耕植，多已开垦，其未垦者，大率土性恶劣，沙石杂溷，水利难筹者也。独是已垦之田亦未必皆有水利，或病于旱，或病于涝，或旱涝并病，殆无郡无之，甚有因亢旱争水，殴毙人命，酿成械斗者，不一而足。平时虽欲讲求水利，而田不一主，主不一心，彼占一丘，此占一角，有自佃者，有佃于人者，贫富不齐，莠良各异，尝有垫修一二，陂堤工竣，派收水份钱谷，小而诟诼，大而控告，同井之属变为仇雠。苟非明定章程，将无工本者得而违抗，出工本者无所归着，水利从何而兴？尝考广西《浔州志》载，有已故者江西按察使周溯贤开渠，议两条，一引右弩滩水以溉崇羌里之田，一引左江马流滩水以溉军陵里之田，可使桂平两河数百顷淹旱无患。卒无工款可作，计各属类此者岂可胜数。诚使特设商官，设法清查，招商兴办，估计工本，以均租息。或业主归入公司，收租分利。或公司与业主佃户酌份均派。或按亩抽收水谷。但有商官为之作主，使彼此不得违抗，而公司业主、佃人均受其益，未有不可办者。盖此项田业，价平租贱，向无实额，或收数成，或无一成，水利兴则租入有常，除分公司外，尚有余溢，此业主利也。旱涝无常，人工谷种概乌有，水利兴则岁卜有秋，饥馁可免，此佃人利也。买田收租，数易其主、水利兴则不必买田，而工本所占可享岁租之入，归并公司，作为世业，子孙不得变卖、此公司利也。未垦之田，收效尚迟，已垦之田，随处可为，事半功倍。故曰，东南水利，重在已垦之田也。何以谓西北重在未屋也？如京津一带，地平如砥，一望无际，悉属芦苇，若使开作水田，其有益于国课民食，岂可数计。论者皆谓北地水利难治，河流奔徙无定，每逢雨水涨大，漫地泛滥，不可收拾，虽欲垦耕而无从然。窃查故道员唐廷枢开办开平煤矿，挑浚河渠以便转运，堆土岸上，遂成河堤，两岸之地，遂可耕种。由此观之，未必尽无可田也。夫禹之治水也，顺水之性，不与水争地者也。今京津一带，河渠已少，又无陂泽、沟浍，以载其水，乌得不横流四出。试观江浙等省，遍地皆湖泽巨浸，广东南海顺德等邑，遍地皆河渠、沟浍，使水有所容纳，故不至泛滥为患，而可收灌溉之利。今欲治直北水利，势必通盘测量，顺其水道，多开河渠以杀之，多挖湖泽以消之。又棋布沟洫以散之，而后水有归宿也。至沿河、堤岸之傍，宜择坚耐霜雪、隆冬不凋之树，排列栽种，渐高渐壅，十年树长壅土高与堤，等树根盘固，自无颓塌之虞，且树叶阴翳旁，皆耕植，土膏粘润，沙淤自少。臣生长岭南，于北地情形不甚通晓，惟念天无不可兴之利，特时会不至人事，亦无如何，今当大兴商务，一切经营不惜工本。若蒙朝廷剀切招徕，安知无材智之士，应时而兴。诚使水利已开，不独八旗无业之民各有生计，即都下流氓、乞丐，皆可自食其力，粥厂亦可裁省。查泰西新史览要，英国向有给发穷粮之例，岁费英金十八兆磅。自英女王握多厘亚登极，询悉穷民耕稼畏苦，不如坐享穷粮为安，佚遂除其令，由是民皆奋勉，遂致富强。至畿辅利兴更无俟，转运于东南，此万世之计，不待智者而办也。夫自元代定鼎至今六百有余岁矣，数过时可殆，天之留待我圣朝、圣君、贤相经营缔造，为中兴一盛事也。故曰西北水利重在未垦之田也。

12
招商设立贷耕公司议

今天下穷苦极矣，不兴商务，天下之民几无生路。兴商务，不兴农务，则根本已失，民食不继，天下之民亦无生路。盖近年谷米日贵，粒食日艰，无论凶荒之岁也。即年岁顺成，米价曾不少落几几乎。农田所出有不敷海内民食之患。试就广东而论，向仰食于广西、江西已也，今则两粤并仰食于暹罗、安南之米矣。咸同以前，石米两银上下而已，今则石米洋银五六圆，岁以为常矣。试思贫民一手一足为力，几何仰事俯畜，何能堪此五六圆之米价，故曰，生无路也。夫各乡之田，未必加少于前也，耕田之人，未必不多于前也，而何以谷日少而日贵也？或曰水旱日多也，犁耘日惰也，是说也，固亦有之，而末尽然也。韩子曰，为农者一，而食焉之家六，民几何不穷且盗，由今计之，实倍于六不止。教士也，洋商也，洋官也，洋兵也，此增之外国者也。教民也，游民也，赌民也，盗民也，则增之内地者也。夫为农者一而食焉者，至之不可数计，谷米安得不贵，此病在坐食之过多，一也。田之美恶无常，而培壅一视乎人力，无人力，则一田不得半亩之用。有人力，则一亩可敌数亩之收。今之言农学者，侈谈西法粪田之异，而不计粪田之资本从何而得，是犹无米而责以炊，无丝无布而责以缝也，岂可得乎？昔日之农，家给人足，有无相通，百亩之粪，自易为力。今日之农，生计已蹙，一家数口，饘粥不给，粪更何力以田。故始而少一肥料，继又少一草料，人事已绌，地力日竭，收成日减，谷米安得不少。此病在粪田之不足，二也。夫以坐食者之多如彼，而粪田不足，出谷日少又如此，若不再为设法，则谷价无能平之日，民食无充足之时，即恐天下无能久安之理。此臣兴言商务，益思寓商於农，藉以挽救于万一，不禁往复言之而不能已也。挽救如何？惟招商设立贷耕公司耳。夫贫民耕植，全恃借贷相通，今乡间借贷，往往重利盘剥，民苦于贷息之过重，力难清偿，势不至脱骗不止，因而赁本无归，倘一控告，则词讼之费更浮于债欠，因而不敢追究。乡里富人，藏金盈窖，而一闻叩门求贷者，卒深闭而固拒焉，非不贪其子也，亦恐失其母耳。于是借贷之途由是而绝，数亩之田由是而荒。今若明定商律，准民间设立贷耕公司，商官注册保护，所有借贷、牛种、粪料、食谷等项，改用印花纸为凭，悉由公司散放，限以期息，如有少欠，官为追究，不至有词讼之累。如此，则息项已轻，民自易偿，偿款有着，人自敢于放赁，农民得于贷者之接济，自可尽以粪田。即向之无业游民，亦可渐次归耕。民有生业，怨咨不作，上召天和，灾沴自少，收成愈稔，谷价愈平，民食愈足。非特天下之民皆有生路，即谓雍乾以前之富庶复兴于今日可也。

13
招商兴办工艺雇募工役议

今天下生齿日紧，民无生业，濒海各省之民，散出外洋各埠者日多一日。窃尝约举其数计之，如英之新加坡辖下马六甲、槟榔屿、大小白腊、斯垃莪、芙蓉、彭亨等埠，华人共有百三十余万。印度、缅甸各数万。雪梨、金山坎、孛打、沙唠画及柔佛各十余万。法之安南，美之小吕宋，各三十余万。檀香山、古巴以及秘鲁、智利、日斯巴厘各三数万。荷兰之噶啰吧辖下苏门答腊、勿哩、润望、加萨、坤甸、文岛、廖内、蒂汶等埠，则六十余万。而暹罗及所属诸国尤多，殆近二百万，统计不下五百余万。此五百余万众，非必尽能经商也，亦为工、为役者多耳。夫为工为役而至弃故土离室家，远涉重洋，冒风涛之险，暑日之蒸，甚或自鬻，以求至其地，岂得已哉，谋生故也。然幸有外洋一路可以谋生也。查新加坡各埠，为工为役之薪资，汇寄回籍以为父母妻子之养者，岁约五千余万圆，即女佣每月寄回亦有十余方圆。窃计内地银币全赖此款，略抵洋货入口，岁多六七千万之七八，否则搜括愈空，若一且南洋各埠，亦如美埠之例，禁止华人不得登岸，则外洋少一谋生之路，内地更有人满为患，非真满也，无生业也。近年内地无业之民流为盗贼，杀戮之惨，实不忍言。即如广东一省，庚子以来，岁杀二三千命之多，而抢劫如故，无论杀之。未必尽盗也，即使果盗，岂可以杀禁止哉。夫民非必尽甘为盗也，有驱之不得不为者，故虽杀不畏也。诚欲使民畏面不为盗，亦为民谋生业耳矣。生业如何，农工商耳矣。然农与商均非资本不能为也，其可以便民之业。兴民之智，尽民之力。一手足而可从事，一躯力而可得食者，即莫如工，工之号有百，今约分之为两途。其能制器以利用者，曰工艺。其执事以佣于人者，曰工役。是二者皆商务中所必需者也。工艺之工，宜有赛会，有奖励，有专利，是固然矣，而其要尤在有保护。盖精工艺者，多缺资本，有保护，则凡工艺可以获利者，自有商人出资以经营，利之所在，众必趋之，正不患其不为也。且外洋工艺之获利，不必尽在贵异也，如花旗之袜，日本之巾，以及花布绸布，各国扣布小呢之类，即此日用服物，几于家有其具，人用其式，其所以畅行内地者，皆因有机器制造，故成本轻而畅流易。今华人未尝不能为，机器特苦于煤铁不足，非无煤铁也，特苦于不得开采。一开采，必至滋讼故无敢承办，即欲制造机器而无从。是以工艺难兴也。今欲兴工艺，宜先开煤铁之矿以制机器，又薄赋税以引之，使之成本轻，而后可抵洋货之入，至制造出口货物，亦宜轻减关税，去其留难，而后可以畅土货之出。此工艺之大略也。若夫工役之工，用人尤多，活人尤众。市廛铺舍，开山种植，农田水利，矿务铁路，莫不有工，洋语谓之咕哩。商务大者往往役二三千人不等，若无法管束，动辄恃众挟制於商务，大有妨碍，是必于商律内订立招工条例，有违犯者，商官立为究治，工律定而后商务可兴。举凡承办农工路矿诸务，乃有人力可用。夫至农工路矿诸务，无一不须用人力，则随地皆有生业，更何俟远出外洋，何至流而为盗，且现在外洋数百万人，尚岁有薪资数千万圆汇归以养家，若内地遍处皆有生业，所容何止数百万人，所获生利更何可以数计。传曰，来百工则财用足，此固历代帝王治国之常经，尤为今日商战之要图也已。

14

招商兴办铁轨支路议

商务必藉路以转运也，无铁路则盘运艰难，百货积滞，转动不灵，易滋汙折，有铁路则捷足先登，一日千里，销流愈远。故兴商务必兴铁路，此人人所知也。我中国铁路，如京津、榆关、芦汉、粤汉等路，已经渐次开办。臣所不能已于言者，惟在支路，即如粤路一条，支路之多，不可胜数。自省城东达潮州，英里一千一百余迈，自三水西达梧州，自乐昌北达南雄，自佛山南达顺德、新宁、新会，又自新会达钦廉、各二三百迈，或数十迈不等，皆广货流通之路，不可不亟图兴办者也。论者皆拟支路仍归总公司办理，以免利权旁溢，窃谓不然，天下可兴之利，公诸天下，则利愈溥，私诸一己，则利愈小，若支路必待总公司而成，则力难兼顾，旷日持久，尚无成效，干势愈孤，收利愈少，不若将支路招商承办，合各商之力，兴各处之路，筹办较易，成效较捷，所谓独任则劳，分任则逸也。且支路归商承办，不特于干路利权无损，而实大有裨益，各属支路之货物，必须由干路而后达于省会市镇以畅流，合各支路物产，群会归于干路，其收利不大愈大乎。况支路已归商办，总公司自可专心一力于正干，无俟分营于旁支，而干更易成，干成而支亦增长，如树木，然有一节之干，即增一节之支，不愈益茂盛乎。故曰，支路宜招商承办也。夫兴商务即庶务具兴者也，开矿种植等事皆须有铁路以通运，而后山利可兴。开山之路，多在支路，僻远之处，倘无支路相通，则开办矿务，运煤费力，种植果本，道远易腐，人必裹足不前，一切山利皆不能兴。是不特于路政有损，且于农矿工役大有妨碍。故曰、支路必须招商承办也。至支路车轨阔狭能否与正干轨路一律相同，应酌量人货多寡，因地制宜，临时由商务大臣与总公司核夺。推之城市之路，乡村之路，虽非铁路，亦宜通饬修治，以便通运。查广东省城佛山等处，街道狭隘，皆因近年铺户占造，货摊堵塞，非特运货维艰，捕盗火均有窒碍。外郡村市之路，半多泥泞，负担尤苦，皆非商务所宜，计各省道路亦多类此。如议商律，必须严加禁止，设法更改，西人开办商埠，必先经营道路，良有以也。

15
招徕外埠商民议

　　窃查外埠商民，拥厚资善经纪者，不可胜数，而回故上者，百无一二。近年以来，内地民商且觍然冒洋人之籍，挂洋商之号，甚至弃内地铺业，转购诸外埠租界以为固，岂民真无良，甘为外国之奴隶乎哉，盖招徕之术异，而保护之道殊也。今将振兴商务，举农工路矿一概招商承办，使非设法保护，窃恐内地民商尚难招致，何况外洋。伏读二月二十三日上谕，南洋各埠多有华商出洋贸易，熟悉中外情形，尤深明於君国身家互相维系之义，虽侨居海外，心恒不忘故土，其忠爱恻忱，朝廷深为嘉尚，迭经谕令沿海各省，于流寓华商回籍时，设法保护。现在振兴庶政，请求商务，一切应办事宜全在得人，尤应体恤商情，加意护惜。各埠华商人等，凡有因事回华者，其身家财产，均责成该省督抚严饬地方官，切实保护，即行妥定章程，奏明办理，倘有关津丁役、地方胥吏及乡里莠民端讹索，即于按律严惩，决不宽贷。着即由沿海督抚及商务大臣、出使大臣剀切晓谕，宣布朝廷德意，俾众咸知钦此，仰见我皇上轸念旅氓，明见万里。纶音悱恻，深入民隐，海隅传诵，感激涕零。诚使地方有司遵照办理，认真保护，何患外埠商民不襁负而至哉。然犹有可虑者，盖闻民间私议，佥谓近年来，如息借商款，昭信股票，绅富捐之类，皆不能实践前言，在有司顾念时艰，量为变通，原属不得已之苦衷，然愚民何知，实不免朝令改之虑，况查各项招商集股办法，物议犹多，今日举一事而失信於民，明日兴一利而又失信於民，民情已多疑，贰即百劝难于转移。今欲招徕远民，维持商务，非有一二事昭示大信，恐不足坚其内向之心，此大局攸关，不得不犯忌讳冒昧直陈者也。窃维谕旨有饬，妥定保护章程之示。臣不揣愚昧，谨抒管见两条，一曰，外洋注册保护，查外洋有限公司，向有注册保护之例，盖注册则资本有凭，追究有着，一以防伙伴之侵蚀，一以防他人之脱骗，一以防豪猾之欺凌，以故谓之保护，法诚善也。拟令外埠商民，凡愿挟资承办一切商务者，准仍在外洋注册，彼此保护，以示朝廷不分畛域，至意使有所恃而无恐，庶不致观望不前。且外洋注册，破费不易，我果诚信，既孚自必归我注册，不至更仰庇于外洋。一曰，本籍注册保护，凡股商归自外洋，准赴所司注册，籍由官保护，有事呈控，改用印花纸，随时封投，不拘卯期，不用遣抱，不得索取呈费及差票等费，赴审免跪，公堂有受虐者，准赴各衙门上控，速为伸理，平时谒见地方官，礼貌相待。查外洋于华商公正人员，荷兰则有甲必丹、雷珍兰等虚衔之赏，即守备千把之谓。英人则有渣士地士、柯平地丕士职名之赏。即太平绅士之谓。彼之待我华人且如此、拟请嗣后商人有凑集公司承办商务者。酌赏虚衔顶戴以荣之，且可为商讼陪审之用，是亦激励之一道。夫华商皆吾赤子，莫不有祖宗庐墓之思，诚能昭示大信，俾出其财力，以经营诸务，则商务之盛岂让伦敦诸邦哉。

16
权度量衡圜法宜归划一议

伏读三月二十五日上谕，各省所用银钱，式样各殊，平色不一，最为商民之累，自应明定划一银式，于京师设立铸造银币总厂。侯新式银钱铸成，足敷颁行所有，完纳钱粮、美税、厘捐，一切公款专用此项银钱，使补平申水等弊，扫除净尽，部库、省库收发统归一律，不准巧立名目。稍涉纷歧，应如何妥定章程，着即详晰核议等因，钦此。此诚整齐划一之宏观，尤为兴商之要务也。臣仰体圣意，窃计银币钱法而外，凡权度量衡诸制，轻重、长短、大小之宜、均宜整齐划一，以成一代维新之治。爰不揣冒昧，谨将愚虑所及，并为推广言之。查京外银币，平色不一，库平而外，有京平、市平、公砝平、津平、漕平、湘平、筏平、广平等项之不同。即广平亦有九九二以至九九八之各异，足色而外，有松江光洋、花银、全毫、化宝等项之不同，即曹宝亦有二、四、六折之异。上海九八规银，甚至有其名而无其物。查外国银国成色有定，顾能见信于环球。今各省局铸，成色不一，津圆不行于沪，鄂圆不行于广，即广圆不行于各属，征收粮税用鹰洋，不用局铸，即用，必抑其价，此银币衡法之不一，早在圣明洞鉴之中。然不独衡法不一也，惟称亦然。十六两为斤，环球皆同，乃中国则有十四两为斤者，有二两为斤，有二十四两为斤，甚有三十二两为斤者。此权法之不一也。惟斗亦然，十升为斗，有以十二斤以至十五斤，二三十斤为斗者。即有以百二十斤以至百五十或三百斤为石者。此外又有踢斗、堆斗名色。此量法之不一也。惟尺亦然，工部尺而外，有京尺、苏尺、广尺、鲁班尺、轩辕尺之不同，弓尺系为丈量地亩，弊窦尤多，此度法之不一也。夫此平色以及称斗、弓尺之不一，若外国不同于中国可也，至中国各省均不相同，甚至一省之中各属亦不相同。不能相同，自不相通，狡诈百出，商务从何而兴，推原其始类，皆猾吏奸商私自伪造，以欺愚黔首，地方官又不为禁革校正，久之相沿成例，遂各为其风气，城乡市镇均藉此上下其手，以阴行其欺诈，此败坏人心风俗之尤者也。今我皇上剔除积弊，与民更新，不独银币、钱币宜归划一，即称斗、弓尺亦宜归划一。窃意铸造银圆，拟在上海设局，乃为适中之地，采买收发较为灵便。我中国会计以两数，不以圆数，似应创制两数银式，以别于洋圆。拟请以五起算，取合天数，五地数。五之义，曰五分，曰壹钱，曰贰钱伍分，曰伍钱，曰壹两，凡五等，校诸鹰洋核算尤便。惟是濒海各省向用鹰洋，势难巨变，拟各省局所铸龙洋照旧行使，暂为抵制洋圆进口之用，一俟新式盛行，再行停铸，此新式银圆之说也。钱币亦然。查上海添设钱局，钱价益贵，市面益坏，商人啧有烦言，惟广东仿香港仙钱，新铸当十铜圆，成本尚轻，差足挽救，然铸当十，不铸一文零用，犹是旧制，亦非计之得也。制钱三文有奇，足抵一铜圆之重，民间销制钱以铸铜圆，是本三而利七，利之所在，虽严楷亦弗畏也。况今铜价昂贵，制钱私毁日多，若非设法变通，更仿铸香港一文圆法，势必日蹙，惟香港仙钱皆不能贯串，若我小变其式，仍留圆孔，则取携使用更为民便，此新式钱法之说也。至查缉私铸银，则另有巡警包探之法在，惟此制造平码、称斗、弓尺、轻重、大小、长短之宜，应如何酌中定制，应先请赦敕部核议，颁行定式，务归一律，所有各省承造工匠，必须商官给予凭照，按式制造发行，随时稽察，有违式者，照商律惩究，如此，则国中无伪，商务可兴矣。昔英属榔屿有二二及二四,三六等称，民多欺诈，市面久无起色，及经整顿，商务大旺，此其明征。夫舜之世同律度量衡，周之初，谨权量审法度，四方之政行。古帝王均平天下，未有不留意于此者也。

17
增设各省商官议

　　且外国商务所以日盛，中国商务所以日弱者，何哉？盖外国有保商之人，而中国未有也。外国有保商之政，而中国未有也。盖兴商必由于保护，无保护则虽日言兴商而不能兴，无人与政以为保护，则虽日言保护而亦不能保。伏读三月二十五日上谕，前据政务处议覆载振奏请，设商部，业经降旨允准，兹着派载振、袁世凯、伍廷芳先订商律，作为则例，俟商律编成奏定后，即行特简大员，开设商部等因，钦此。仰见宸衷睿断，握要以图。商律设，则保商有政矣。商部设，则保商有人矣。此诚兴商之宏规，万世不易之极则也。然臣细绎商部之意，窃见商官之设，不得不再行推广者，敬为缕析陈之。尝考外国之设官也，内则有商部，外则有按察，按察有大小之分，事逾五百银圆以上者，则上之按察，按察不能断，乃上之商部，按察之名，各国微异，审理商讼，悉以归之，非惩办人罪，即总督不能遥制之，其余城市、郊野、码头、街道、河道、巡缉、暗查、丈量、稽征，莫不各有专司，所司各官，虽非必专为商设，然实能保护商人，故商部而外，无庸再设商官，中国之地方官，势不能兼管商务，非于各省各属添设商官，恐转负朝廷特设商官之意。爰不揣愚妄，量时度势，通盘筹划，拟请添设之商官有五：曰商务部，曰商务大臣，曰商按察，曰商同知，曰商巡检，内则设商务部，援照外务部之例，特简尚书侍郎若干员充之，总理邦国之商政，部设分司六，曰地宝司，理矿；曰梯航司，理铁路、轮船、电线、邮政；曰教稼司，理农田水利、山利种植；曰惠工司，理百工技艺；曰鼓铸司，理制造银圆、铜圆；曰会计司，理权度量衡，稽征各口岸百货出入之数。外则设商务大臣约二三，省设大臣一员，以通晓商务者充之，驻商务繁盛各口岸，总理所辖诸省商政，至各直省，则添设商按察一员，以道员以上充之，专掌其一省之商政，隶于商务大臣，大臣各设参赞随员若干，按察亦酌设委员若干，以备差遣，其各府厅州县，有可兴商者，酌设商同知一员，专管其地之商政，以各省候补同通州县充之，隶于商按察，其各属原设之巡检司，择有商务者，酌改为商巡检，专管其所辖各市之商政，隶于商同知，巡检同知职事，皆有限制，不得逾分擅权。又有按察监之，大臣以之，内外相维，大小相系，事无不举矣。或谓设商部，不必设商务大臣，设大臣，不必设商部。臣谓商部治内，大臣治外，无商部则事无统宗，无大臣则事无表率，二者不可偏废也。或又谓驻商部于上海，则商务大臣可省。臣谓部臣密迩，宫廷遇事，禀承圣训，若概置外地，非特事无折衷，亦殊失居中御外之道。或又谓已设部臣、大臣，可不必添设商按察各官。臣谓无商按察各官，则事无责成，大臣多属客官，主客异势，呼应不灵，况衙门弊窦滋多，民畏如虎，非别开生面，无以兴天下耳目。故不兴商则已，诚欲兴商，非另立商官不可。或又谓设立多官，经费难筹。臣谓商务关天下大局，岂宜吝此区区经费。请先试办三数省，暂由大臣设法筹垫，但支持二三年，俟有头绪，自可在商间抽拨。查外洋抽例颇重，而民不怨者，盖实能护商民，利源开而谋生易，故也。或又谓官场积弊太深，诚恐多一官即多一弊。臣谓千弊万弊总归一弊，一弊者何，隔膜而已矣。官与民隔膜，上与下隔膜，官自视过尊，官上之官自视益尊，官与民不相见，上与下不相亲，譬诸一人之身，上下血脉不相贯通，乌得不病，今请设商官，先洗去官场一切习气，凡官民相接，请免用冠带、束缚、拜跪、迎送、回候等仪，并门包馈遗诸弊，民得面见而陈其事，官得面见而叩其实，巡检同知有不善，按察得而询，诸商按察有不善，大臣得而询，诸商遇有应办事宜，立可施行，一洗上下欺罔之习，盖一弊除则百弊清，特视用人何如耳，用人得力，又有商律以为法守，认真举办，实力保护，商务未有不兴者。夫日中为市，交易而退。民间日用所需，且有市官以平价而止争矣，况欲以农工路矿诸大端，与环球各国相驰逐也耶

18
张振勋招徕华商振兴商务奏折

光绪三十年九月十三日（1904 年 10 月 21 日）

　　振勋奉召来京。仰蒙皇太后皇上殷殷垂询，以招徕华商振兴商务为命，跪聆之下，钦佩莫名。尝闻世之策商务者，莫不曰招徕外洋华商，振兴农工路矿，不知不接其言论，不怯其疑虑，则所谓招徕之术，终隔膜也。去年振勋蒙恩召见，皇太后、皇上即以招徕华商为训，迨赏假南旋，所到各埠，当华商集议之时，窃有以窥其疑虑之所在。或谓中国地大物博，外人涎羡、自通商以来，或招洋股，或挂洋旗，捷足争先、莫可纪极。吾侪一旦归自海外，主客之形，几于倒置，纵挈巨资，无从着手。又或谓商之为道，乘时趋利者也。中国官商，久成隔阂，设为奸商所骗，土恶所欺，加之有司节节羁留，层层钤束，累月经年，尚不得直。费时旷业，所损实多。至于外埠侨居，已成土著，公司之设，则股本不可遽提；合同之立，则期限不能遽满。今若舍旧谋新，恐非一朝一夕所可期许。他如天时之寒，土地之燥湿，起居饮食之异宜，犹其小焉者也。振勋爰思外埠华商，籍隶闽、广者，十人而九。其拥厚资善经纪者，指不胜屈。中国商智未开，商力较微，而各国莫不籍商战以争利于中原。商务一端，在我已有不能自支之势，居今日而思补救，固非招致外埠华商，维持商务不可，振兴商务，尤非自闽广等省入手不可。如由商择其声望素孚之员，奏请特派考察外埠商务大臣，督办闽广农工路矿事宜，予以保护华商之任，周历各埠，切实开导，动之以祖宗庐墓之思，歆之以衣锦故乡之乐。闽、广之距外埠，轮舶往还，一水可达，室家产业，并顾兼营，一人而给。况商部设立以来，纲举目张，以保商为己任，一切下情，可由督办径达商部。凡督办所到之地，商部如在目前，地方不致有掣肘之虞，官商一气、内外一心。如是祛其疑虑，有不襁负而至者哉。且所谓招致华商者，非尽市人而罗致也。业必世业，财必己财。知其以农起家者，畀以开矿种植之任；以工起家者，畀以制造工艺之任；以路矿起家者，畀以开矿筑路之任。先由督办凑集华款，认真提倡，选择要地，筑路一段，开矿一区，垦种工艺，创办一二事以为程式。二三年后，著有成效，昭示大信。再动华商出其资财，承办各项公司，极力经营，由南而北，逐渐扩充，开辟利源，请求物产。穷黎赖有生计，四境渐无游民，则公家无一钱之费，而中国增亿兆之资。利权既挽，主权自尊，战胜之机，固不尽在折冲间矣。抑更有请者，广西土匪，已成蔓延，广东一带，盗风日炽一日，推原其故。皆由地多旷土，民无教养。今日治两广者，等的饷，练劲兵，以顾目前之急，不得不然。而振勋以为开垦种植者，默化未成之匪也；教习工艺者，隐散匪之羽党也。故言商务于闽、广入手，不得仅谓为善后之策也。振勋屡蒙圣论，既周且挚，谨就管见所及，缕悉上陈，如蒙转奏，请旨施行。商民幸甚。

19
张振勋设立督办闽广农工路矿事宜总公司接待所布告

光绪三十一年正月（1905 年 2 月）

为晓谕事：照得本大臣奉旨派充商部考察外埠商务大臣督办闽广农工路矿事宜，业经在广州靖海门外设立总公司，所有联络商情，振兴庶务，均属责无旁贷。迭经面奉谕旨，以华商出洋贸易有不忘故土之思，尤宜切实保护，仰见皇恩广大，涵被无遗，凡我同胞当深感戴。惟查沿海各埠关津复踏往往华商回籍，不无劣胥蠹役痞棍莠民各色人等，藉端讹索之弊，以致身家财产覆勘虞，言之殊堪痛恨。本大臣奉命任事，深惭保护无方，且道里窎远，耳目有所不及，为此示仰回华众商知悉：嗣后遇有此等情事，准其随时到总公可指名禀控，无论何色人等，一经密查属实，即行奏请交地方官按律从严惩办，以儆刁风，而安商贾。本大臣言出法随，断不虚饰。幸无自误，致有负朝廷殷殷绥抚之心。至内地绅商，凡有应行举办事宜，每因下情不能上达，动多隔阂，现经援照商部章程，即在总公司下设立接待所一处，遴派委员款待，除礼拜日不计外，每日上午十点钟至十二点钟，下午二点钟至四点钟，均可前来接晤，无论面诉或缮禀词，悉听其便，不拘礼貌，不尚虚文，本大臣当择要详告或俟批示，决无延留。其旧有积习与夫胥役需索，种种弊端，悉力剔除，以期上下联洽，商务日有起色。开诚布告，万勿观望，切切特示。

20

张振勋筹建广厦铁路奏折

光绪三十一年七月（1905 年 8 月）

钦奉简命考察外埠商务，兼办闽广农工路矿事宜。业在广州省城设立总公司，咨明在案。惟事不一端，力难并举，先其所急，首重路权。而路权之介于闽、广者，则自广州以达厦门，实为通陆之要道。查南洋华侨，多籍隶闽、广。今就其桑梓之区，为辟其利源，便其行旅，集款图成，计必易于激劝。振勋一再筹维，窃谓修筑广厦铁路，实足以上佐国家要政，俯顺闽、广商情。其路线所经，大概自广州东门外起，造至黄埔，由黄埔经增城、东莞、石龙镇、惠州府博罗、海丰、陆丰县境，以至潮州，而径达福建之厦门，是为干路。现在拟先以广州之黄埔镇为首段，业于本年二月间，派员带同洋工程师前往履勘，地势宽敞，且滨海水深数十尺，为香港轮艘往来必经之途，安设车站而外，并拟援照山东等处自开商埠成案，将黄埔一隅辟作商场，建筑码头货仓。无论何国载货海轮，均可停泊卸货，藉以稍分香港屯运之利权。至该处民居庐墓，悉可改线越避。轨道约计长可三十余里，地价工料等项估银八十万两。拟分作八千股，每股科银一百两，专集华股。开办伊始，恐信从不广，即由振勋先行筹垫，以为商股之先声，拟具广铺铁路大概章程二十一条，咨呈鉴核。恳请奏明立案等因前来。

21

创办张裕酒有限公司缘起

光绪三十二年六月（1906 年 8 月）

《史记》称大宛以葡萄为酒，富人藏酒至万余石，久者数十岁不败。张华博物志曰，西域葡萄酒可至十年。西方以葡萄酒擅名，由来久矣。自张骞使西域，得其种而未传酿法，汉魏以来，皆自远方输运，殊不易得。惟《唐书》载太宗破高昌，收马乳葡萄种于苑中，并得其酒法。仍自损益，造酒成绿色，芳香酷烈。此殆为禁中秘方，民间无从而得，久亦失传。当时诗人之见诸吟咏者，皆比之甘露琼浆，为世珍异。《本草》葡萄益气，令人肥健少饥，延年轻身。米麦高粱之酿酒，必以曲糵酿成，是以其性多生湿。而葡萄酒取果自然之汁，发酵成酒，虽饮醉只觉四肢畅适，无头痛口干之患，可为卫生之助。自顷航路大通，百货麋集，市廛列售，好者益夥，价值既贵，销路日增。尝考法兰西国葡萄制酒之利，岁合华银数万万两，为全国出口货物之大宗。面法之国用，多资酒税，岁入甚巨。如此大利，实勘惊骇。我国倘能仿而行之，讲求种植制造之法，既塞漏卮，兼能富国，是亦开辟利源之一道乎。夫种植贵得地宜，制造当求新法。葡萄性宜松土又喜天寒。泰西于栽移、修剪、培壅、灌溉之法以及机器制酿窖桶藏庋之方皆勒为成书，专门肄习。同治十年辛未，振助在噶罗吧与荷兰友人名拉辖者，在法领事署坐谈。领事出葡萄酒款待，云此酒在法京每樽兑价英金一磅，试之甚美。又言中国北方天津烟台等处地气极佳，所产葡萄，能酿此酒。振勋问其何以知之，答云咸丰之役，伊随法兵进天津，有人将其地葡萄用小机器试验，欲在彼处设立公可，种植造酒。后因战事媾和，将地交还，事不果行。振勋默识于心。迨光绪十七年辛卯，振勋回粤。今督办汉阳铁厂前东海关道盛电邀在烟台商办矿务铁路事宜，偶谈及此，盛公谓伊于此事亦经考察，查悉近地产葡萄极多，每百斤售价三圆，惜无可靠酒司，不克兴办。其时振勋又以酒瓶为虑。盛公谓上海已有玻璃厂，无容虑此，振勋旋回槟榔屿，函至泰西专家，详考其事。癸巳西友一酒司名俄莽，精于此术，久著声望。订立合同，于甲午夏振勋派人偕往烟台，并携带小机器试验，不料酒司行抵上海，忽患牙痛，因医误命。振勋时在新加坡，适有荷兰人雷德勿者知其事，求德医生介绍，自谓曾经国家考验，领有凭照，以志不在此，存其照于本国，倘不见信，请询荷兰银行大班可为质证。振勋往询之，果如所言，即订合同，到烟试办。光绪二十一年乙未伊寄其所酿之酒到坡，与英荷两国化学师试验。皆云种葡萄质地甚佳，惜果犹未熟，力量欠足，下药欠妥耳。振勋以是知其事可成，思为持久之计，于是向美国采办有根葡萄秧二千，即行购地试种。俟有成效之日，再行招集股份，设立公司，以期久远，并仿泰西专利成例，禀请今督办汉阳铁厂前天津海关道盛转禀北洋大臣直隶总督部堂王奏请专利五十年，免税三年。于光绪二十一年八月初四日奉旨奏准开办。乙未冬，雷德勿之叔来坡，为振勋述及伊侄雷德勿，于酿酒一道，实非素谙，惟伊从兄作此生理，略得皮毛，袭取书中成说，毫无把握。振勋彻底根究，始知所言不谬，乃于丙申春再托奥国领事另聘一有名酒司名哇务者，到烟接办。旋据报告云，本地所产葡萄质颇佳，惜种类不多，种植未能得法，故力量不足，且泰西葡萄可酿酒者百数十种，而本地之产，只有一二种，仅可酿造白酒云云。故于光绪二十二年丙申冬，特寄函奥京觅购葡萄秧十四万株，于丁酉夏到烟。活之约得三成余。冬间再购运葡萄秧五十万株，于戊戌夏到烟。二次之秧，因途中为烈日蒸灼，虽生不壮，辛丑查出复购。接根者三万株，壬寅种之，约得九成。是年续购二万株。至癸卯以后，参以历年考察，自得接法种之，较泰西办来者更佳。然自甲午开办以来，所有广购地亩，续购机器，设立工厂，建筑地窖。一切资本，振勋等先行垫用，而今规模渐臻完备，将可陆续出酒。夫以振勋屡岁考求，备历艰阻，然后制造渐得其法，经理渐得其人，掷无数之金钱，耗无量之时日，乃能不负初志。然则办事坚韧之力可少乎？又，西国进口酒税最重，今烟台地土既宜，办理亦著成效。酒既美，价亦廉，南洋诸岛，将皆购之于我。昔日塞漏卮而不得，他日广销场而有馀。兹者公司既设，订定章程，招集股份，以符奏案。振勋不揣固陋，并将数十年处心积虑之苦衷，不惮觊缕，志其缘起以为叙。光绪三十二年丙午岁六月望日张振勋。叙。

22
奉旨创办酿酒公司记

盖闻致强之道以富国为先，理财之原以经商种植为要。泰西各国，商务綦重，神其术者，各有专门，凡制一器、植一物，莫不钩深索隐，刻意经营。开创之初，资本不足，或集合公司，或借助公家，以底于是［成］，比比皆是。故人才愈出而愈多，商务愈兴而愈盛，国家愈富而愈强，振作精神，蒸蒸日上。我中国与外洋互市以来，虽铁路、矿务、制造、军械、机器、纺织等类，渐仿西法，次第举行，惟通国狃于积习，於商务素不经心，即有一二人杰，创得新法，或限于力，或格于势，志焉未逮。中国有自然之利面不知兴，外洋有显著之利而不知考，如之何不积贫为弱也！今为致富计，莫如法其显著之利以开我自然之利，则创一中国历年以来未有之利举，即收回一中国经年外溢之利权。

同治十年辛未，振勋在噶啰吧与荷兰友人名拉辖者，于法国总领事处坐谈，领事出葡萄酒请饮，云"此酒甚佳，在法京每樽价英金一磅"。试之，果美。又言："此酒如能以中国北方天津、烟台等处所产葡萄酿之更佳。"勋问其故，乃谓，咸丰年间法兵进天津时，伊亦在焉，有人曾将该地所产葡用小机器试制故也。彼时即欲设立公司，酿造此酒，后因战事和息，将地交还，事不果行，复恐人知而仿造，乃废其机器而去云。勋闻，而默识于心。迨光绪十七年辛卯，勋旋香港，今督办铁路大臣前东海关道盛电邀至烟，商办矿务、铁路等事宜，闲暇坐谈，勋及此事。盛公谓亦曾试过，并查悉近地所产葡萄甚多，每担百斤，仅售价三元，惜无酿师可靠，不果办。而勋独以酒樽一物为虑。盛公目："上海有玻璃厂，无虑也。"勋回南洋槟榔屿，函致泰西专家，详考其艺。

癸已，西友荐一造酿师，名俄舞，精于此术，声望久著，爰与之订合同。甲年夏，勋派偕往，带小机器以试，乃该造酿师行抵上海，忽犯牙痛，误命于医。时勋在新加坡，适有荷兰人雷德勿者，知其事，求德医生介绍，谓精此业，曾考过，领有文凭，以志不在此，存其照于祖家，如不见信，请询荷兰银行大班可证。勋询之，果如所言，乃订合同，到烟试办。乙未，寄其所酿之酒到坡，与英、荷两国化学师试验，皆云葡萄甚佳，惜未熟，力量欠足，下药欠妥。勋以是知其事可成，思为持久之计，于是函致美国，采办有根萄二千株，先购地试办，俟有把握，再集股份、立公司以垂久远。并仿秦西专利成例，禀请今督办铁路大臣前天海关道盛转禀北洋大臣直隶总督部堂王，奏请准以专利十五年，免税三年，于八月初四日奉旨准开办。乙未冬，雷德勿之叔来坡，为勋言：雷德勿于造酿学实非素谙，惟见其从兄业此，略得皮相耳。勋始知为其所诳。

丙申春，乃更托奥国领事代聘一精于此者，其人名哇务。既到烟，始悉本地所产葡萄，种植未得法，故力量不足，酿酒不佳；且泰西葡萄可酿酒者数十种，而本地所产仅一种，唯可酿白酒。丙申冬，特寄书奥京，觅购葡萄秧十四万株，丁酉夏到烟，约活十之三。冬间，再购葡萄秧五十万，今春到烟，本年可种地二百亩左右，至己亥，定可再种地二百亩。此皆上品，可酿酒数十种，综计约可种地四百亩。凡一切规模，具有大略，应用器物，勋先行自备资本，经已购齐。今再核定章程，招集股份，设立公司，以符奏案体制。将来大著成效，渐推渐广，所以兴中国自有之利益者在此，所以挽历年外溢之利权者亦在此，其于国计民生，裨益岂有穷哉！

不揣陋劣，记其缘起如此。

栽种葡萄酿酒节略。

买地一百亩，地价并做好每亩约按洋一百二十元，共约洋一万二千元。每地一百亩，种葡萄约五万株，买种及活秧并失额，每株作成本一角三分，共约洋六千五百元。每地一百亩，要用木杆五万枝，每枝约成本三分，共约洋一千五百元。以上三柱，共成本洋银二万元。此系作为业产之物。

每地一百，长年看守工头薪金，约按洋一百元。又用理园古里粗工二十人，十个月，并采运葡萄回厂工资，约按洋九百元。又四年以后，每年补贴木杆仔一万枝，并围园铁线铁钉，约按洋五百元。又自出葡萄年起，三年后每年另加肥料，约按洋五百元。以上四柱，共洋二千元，此系每年出葡萄成本者也。

每地一百面，自种植之年算起，三年以后，每年每株约共出葡萄五斤，计约共出葡萄二千五百担，每担一百斤，约成本洋八角。加老本息按周息一分，连共成本，亦不过每担洋十六元。每葡萄一担，做红兀酒——新加处叫名格嘜勒，即葡萄红酒——除清净外，可得四十八石，即四小箱，或一大箱。葡萄二千五百担，如系小箱，共酒一万箱，加箱一万只，约该洋三千元。每酒一万箱，加酒樽仔并破坏作十四万只，每百只按洋六元，共约该洋八千四百元。每酒一万箱，加锡头塞仔两项共十三万只，每百只按洋二元五角，共约洋三千二百五十元。每酒一万箱，加草井装工，每箱按一分五，共约该洋一百五十元。以上四柱缴费并葡萄成本，合共成本洋一万六千八百元。若加老本息，共洋十万八千八百元。如樽仔自造，每酒一万箱至少亦可省洋四千八百元，及老本息不计外，每酒一万箱，成本约洋一万二千元。

光绪二十二年丙申所做之节略，所按之各价，乃照第二次所雇之酒司及作本地便买之葡萄度数力量该年之情形而推算，因第二次之酒司全不分明此道，乃一骗子也，此第三次请来之酒司，真是明白此道，是以各事与前不同。初开办时，故成本略重，将来获利必厚。

现查光绪二十二年所试种之葡萄二千株，二十三年已出些少，验其力量，已有二十二度半至二十四度，将来三年后，必有二十八度至三十度。查泰西所种之葡萄，初年出者，力量至大亦不到二十度，至多亦只系二十度而已也。

做酒之葡萄，力量要大，度数要多，度数多者，其酒将来兑价必贵。但自种之葡萄，所出之酒，将来至低者，每箱可兑四五元，仍有顶上之酒红兀亚森——西人呼之曰鹤酒，即葡萄白酒——每箱现南方可兑五十元左右。有红兀勃又名伯温，每箱可兑十余元至二十余元。又有摧厘酒，每箱可兑十余元。其葡萄做红兀酒后，皮核仍可做勃兰蒂酒，如做每一万箱红兀酒后，仍可做勃兰蒂五百箱至八百箱不等，每箱可兑十余元至二十元。红兀酒三年后，可做高逆及三宾等贵重之酒。

查种地百亩，做酒一万箱，及现下每年局费七千余元；如种地三百亩，做酒三万箱，局费八千余元；种地六百亩，做酒六万箱，局费一万元；种地一千亩，做酒十万箱，局费不过一万二千元之谱。

查葡萄初种，头年未有葡萄出，第二年可出些少、第三年略多，三年以后，每地一百亩，约计可出葡萄二千五百担，即可做红兀酒一万箱之

谱。查机器已足，折添补者不过一二千元而已

又查现已买地四十余亩，为做公司栈房、酒窖之用。又已买种葡萄之地五百亩之谱，可种葡萄者约八成，间有不能种者约二成。光绪二十二年，试种地四亩余，计有二千株。二十三年，种二十亩，计有一万株。二十三年在奥京办有葡萄秧十四万余株，活之得实，约有四万余株。二十四年，在奥京办有葡萄秧五十万株，活之将来可得二十余万株或三十万株。本二十四年现可种地约一百余亩，查此外如要多种多做，每地一百面，成本约洋二万元，加酒窖约洋一万二千元，三年内每年加桶约洋六千元，共约洋五万元。系三年均用者。

至若机器局费，所争不多，只系仍要搭一大厂，与做粗工者用。如每年做酒一万箱，老本息不计外，约可得息二万元之度。如做酒二万箱，约可得息七万元之度。如做酒六万箱，约可得息十三万元至十八万元。如能做至十万箱，约可得息二十五万至三十万元，或至四十万元。此系大略情形也。如葡萄多种，则得利更多，刻下未能料定者也。

再，本公司将来用玻璃酒樽极多，若出酒十万箱，每年玻璃樽并大小约用一百余至二百万个。查附近烟台，惟日本为最近。查日本折出之玻璃料，又不甚佳，大者每一百只取价洋六元，小者取价四五元，通共计算，每年不下十万元之数。若向外洋采买，此又一漏卮也。查泰西所造之玻璃酒樽，其料更美，且其成本之价大者，每一百只一元四角或一元五角，小者一元左右。是以今拟本公司，势必要顾司阜办机器建厂自造，每年至少亦可以省六成，即洋银十万元中之洋六万元者也。此事查详开办之日，仍要禀请奏明立案，并请就近可以取沙采石为料，亦一要紧事也。

23
棉业丛书汇译新编序

宣统元年九月（1909 年 11 月）

中土向无棉产，古所谓棉擘茧为之，非今所谓棉也。交州之木棉，林邑之古贝，南诏平缅之娑罗树，其絮皆可纺织，亦非今所植之棉。《南史》高昌国有草实如茧丝，国人取织为布，甚软白，交市用焉。此为西棉入中国之始。《南越志》桂州出古终藤，实如鹅毳，核如小珠，治去其核纺如丝棉。《本草》谓此种出南番，宋末流入江南，后乃遍及中州，此为南棉入中国之始。由此观之，棉产皆来自异国，从古已然矣。岭表棉花大都古终遗种，今谓之土棉，匹妇植之，树小花稀，收成歉薄。通商以后洋花盛行内地，民争购用，岁括金钱以去者日增，而土棉之植日益尟，非特漏卮贻患于民，业亦荒弃也。振勋生长田间，耕植素所讲求，窃意吾粤地近温带，植棉为宜。前二十年，迭次购种试种迄无大效，推原其故，多因种性燥湿未分，或远来霉坏，或时之未得其时，粪之不以其道，或为虫所伤，非土宜之失也。环球棉产以美国为最盛，近年出口棉花，岁获美金约五百兆。岑宫保督电致驻美星使购大本棉种寄粤劝种。振勋请若干分给乡人多次之信，独舍间植之，以岁丁未正月下秧，二月移种，五月逐渐开花采至十月而止。其干高二尺许，茎径五六分，球大寸余，一球之花重二分半三分不等，莹白光洁，见者悦目。是岁亩收纯花三十余斤。又明年更种枝干高三尺以上，亩收花百斤有奇矣。他处种不如法则又逊此。振勋乃益邮书海外再购若干种，详求其培植之方，得周星使寄到美国植棉书十本，伍侍郎寄到书十二本，概付南海赵君志松译之，芟其繁复，分类编辑都为六卷，与黄观察榜书共订之。其书首言选种，次土宜，次培壅，次治虫，以及摘花碾仁捆载发售诸法皆备，而选种为尤要。次推言棉仁可以为油，为粉，为食品，为蓁具，为碱，为粪料，下及糠壳枝叶，靡不有用无一弃者，而棉油为尤重。其所表列一伊格地可得纯花若干，值美金若干，棉油各种又值若干，考核最为详尽。中土只知棉花之利，不知利之大至于如此，且不知花之外其为用，又如此之广也。方今内地物产浸以耗减，日用之具大半贩自外洋，闾阎生计日蹙。

国家轸念民依兴办实业，博采各国成书，设学教导所以为民谋者备至。振勋谬膺朝命，筹办广农工商矿请务，自惭固陋，董劝无方，今得是书窃喜于农业不无裨益，亟命儿应兆校。付手民并加附考、附记二篇于末，印刷若干公诸海内，诚使如其法以植棉、以中土之和煖覆异国之种性，阴阳会合其发生也，当更盛于原产。且以其选种诸法推之，以耕植举菽麦稻秫果蓏，凡百植生之物，亦若是切实而详求之，吾知收效当更倍蓰也。窃愿以是书为务实业者劝也。

宣统元年岁在己酉秋九月中浣。

钦命头品顶戴、商部考察商务大臣督办闽广农工路矿事宜、侍郎衔裁缺、太仆寺卿，大埔张振勋序。

24

试办中美轮船股份有限公司招股简章

宣统三年（1911年）

一、本公司为推广中美两国商务起见，由两国商民共同出资组织，已由美国发起人大来君在英国罗奇厂定造八千六百吨大轮船一艘，准于四月二十二日在英国下水，行驶来华，计中历六月即可到沪。

二、此船未到沪以前，应付造价暂归发起人大来君先行担认，俟股本招足后照数拨还。

三、本公司拟招股本英洋六十万元，分作二万四千股，每股洋二十五元，中美各半，定于中历六月底前全数收足。

四、本公司现由发起人具禀邮传部，农工商部注册，作为中国公司，其船悬挂龙旗，并请大部特别优待，以为推广航业于域外者劝。

五、本公司定名曰："中美轮船股份有限公司。"

六、总行设于中国之上海地方，分行设于美国旧金山地方。其余凡轮船所经各埠，酌量托人代理，暂时不设分行，以节经费。

七、本公司设董事部，共举董事八人，查账员两人，拟定华董事五人，西董三人，查账员中、西各一人，俱由股东推举，以权数多者当选。

八、董事资格须有股份一百股以上，查账员资格须有股份五十股以上。

九、公司营业注重载运货物，间可附载客，往来中、美各埠。如中国之汉口、上海，以及天津之大沽口，皆为土产出口之处，随时运货往美国销售。亦可绕道至南洋群岛，或欧洲各埠，随时随地、相机办理。

十、本公司发起人大来君本自有轮船七艘，往来欧亚各埠，设立行栈，经理其事，颇著成效。现本公司所有轮船，凡行驶外洋各埠，即托该行代理，既可省费，又资熟手，于招揽生意甚有裨益。一俟办有成效，再拟添招股本，广置轮船，以便自立门户。

十一、本公司发起人大来君现有各轮船除开支外，所得净利每年约有一分。今本公司初次悬挂龙旗，出洋必得华侨欢迎，生意必可兴旺。若更得大部奖励，每年给与补助金，是股东常年红利当可操券。

十二、本公司结账每年分春、夏、秋、冬四期，以西历三月底为首期，六月底二期，九月底三期，十二月底四期。每期之杪，将账清结一次。俟股东大会时，由总行将四期之账汇总交由中、美董事会议支派。其所盈之利：（甲）酌提公积及保险银两；（乙）船身折旧；（丙）酬劳赠与；（丁）股金派息。照各国公司通例，所余盈利除甲、乙、丙三项支付外，其余悉归股东，是以不另定常年股本之利率。

十三、本公司招股除发起人担任招股外，并托沿江沿海之商务总分会分段招股。由发起人事务所先行刊印招股收据，编立号码，分别寄往备用。所收之银各存其就近之大清银行。如未设大清银行之处，由招股人酌存股实商号。一俟招足截止，将所收银元以及收据存根一并汇送上海大清银行，以便按照存根换给股票，分别寄往转发收执。

十四、本公司应招华股一万二千股，每股洋二十五元，统限本年六月底截止，一期收足。如届时逾额，按成匀摊，并将余洋给还原主。

十五、本公司俟新轮于六月内到沪由举定之董事验看后，即行赴汉装运土货如生铁等件，前往美洲，以便生利。以后即按期往返中美以及南洋各埠。应收水脚统照各国公司船通行章程，由董事会随时斟酌更订。

十六、本公司暂设事务所于上海商务总会内，以便各处通信。一俟董事部成立，再行择地另设

十七，此系招股简事，其余一切办事细则以及行船章程，俟董事会成立开办，再行订定。

中美轮船股份有限公司发起人：张弼士、卢鸿沧、郑陶斋、周金箴、邵琴涛、沈仲礼、苏宝笙、马子彝、赵研农、陈润夫、贝润生、沈缦云、朱五楼、王一亭、林莲荪、杨信之、王竹林、宋雨裳、刘树臣、魏小圃、刘景山、蔡轴卿、于立三、宋芝臣、吴泽民、王西星、岳庆生、贾润生、王步瀛、严渔三、朱绅宾同启。

25

张振勋、向淑予向全国商会联合会临时大会 关于中美银行招股等项提案

民国四年十月十一日（1915年11月25日）

（1）中美商会联合会附设中美商品陈列所议案。略谓：查前清宣统二年十月，政府开办南洋劝业会，适美国实业团来华考究内地产物，是为中美商家携手之始。嗣在沪汇中饭店提议，为两国商务互相发达起见，于是有创设中美商会联合会之举。乃时局变迁迄未成就，瑞琨忝列全国商会联合会会长，对于斯事，亦以羁于京秩未遂研榷。今夏振勋被举为中国商业团团长赴美报聘，得晤从前来华团员及工商各界伟人，均以两国商情固须互相融洽，两国商务尤贵积极进行，公同讨论。佥谓：中美商会联合会宜踵前议速设，更于联合会之外分设中美商品陈列所。盖有联合会可以沟通感情，再有列所则两国出品一览可知，遇有需要不难直接贸易。且联合会成立后，其最要者在中国方面则禀准政府颁予图记，凡真正赴美贸易商家，可由会印发护照，随具像片（一先寄美会、一存领事署、一粘照上、一本人携带、一存本会，共五张），向驻华美领签字交赴美之人收执。濒行时由中国联合会将船名船期电知美会，俟到岸时美会派员接待，以免受入境苛查之苦（此节已向美国商会提议，请其向美政府要求特准）。至陈列所既由两国之商会联合会发生，则一切创设布置经费及管理诸权，应归两国联合会各自担任。其美国之陈列所地点，拟设中国之津、沪、汉、粤四处。中国之陈列所地点，拟设美国之旧金山、纽约或纽奥麟、芝加哥等

处。任听两国商家观览订购，将来酌提购货回用以为经费。此外，调查研究懋迁有无种种利便，不胜枚举。惟兹事规模既大，手续尤繁，吾国开办之初，更须筹备用款，事关全国商务，望诸君热心毅力，必不视为缓图。是以由振助商之瑞琨，召集大会详细讨论。谨撮大凡，叙述如右，一切规划，亦望高明详酌，统希公决。

（2）中美银行招股议案。略谓：中美银行组合之议，亦发生于南洋劝业会之美国来华实业团。原望两国商务互相提携，故设此金融机关，以资活动而利营运。当时议定股本一千万元，中美两国国民各认一半。又规定办事权限彼此平等。旋在上海商会开议，经中国各省商会代表全体赞成，并允代招股本，以期众擎易举。比因中原多事未获进行。今夏振勋赴美复经美国资本家商促成立。振勋回国后与瑞琨联合同志及从前发起诸君，拟订招股简章，禀准政部立案先行招股，并在上海先设中美银行事务所，以资接洽。今值联合会开会特具报告，请诸君仍踵前议，担任招股，以期早日开办，惟希公决。

（3）拟创中美轮船公司议案。略谓：查向来行驶中美两境船只，自太平洋轮船公司停办后，运输一部分颇受阻滞，识者咸谓得此机会足以扩张航业。选据大来洋行函商，拟组一中美轮船公司，先造万吨余之船四只，约需用中国银洋五百万元，其资本即由中美商家公共担承。倘华商经济一时不充，美商亦可多认，惟该船须在中国境内船厂估造，船料则全由美国供给运输。船成后即向中国政府注册，作为专驶中美两国邮船，并拟请求中国政府将船钞一项之收入，移作奖金，以资鼓励而扩航业。此事利益之大，不待赘言，惟手续纷繁，正在商订。一俟完毕；再行通告，并请诸君极端赞成，事关实业，力屏空言，惟希公决。

附　录

1

张振勋国内主要实业名录

时间	地点	名称	投资金额（万元）
1892	山东烟台	张裕酿酒公司	300
1897	上海	上海通商银行	10
1898	粤湘鄂三省	粤汉铁路公司	
1899	广东佛山	佛山铁路公司	
1904	广东广州	闽粤农工铁路有限公司	
1905	广东广州	亚通织布厂	5.5
1905	广东广州	振益公司	60
1905	广东广州	广厦铁路有限公司	111.9
1905	福建	福厦铁路	
1906	广东惠州	实业公司	50
1906	广东钦廉	金矿公司	
1907	广东惠州	福惠公司	40
1907	广东佛山	裕益制砖有限公司	32
1907	广西贵县	宝兴公司	
1907	广东广州	普生农业	1000
1908	广东	开建金矿公司	
1908	广东惠州	白沙湖墩头港	
1909	山东烟台	玻璃料器厂	
1909	广东广州	广东集大公司出口协会	50
1910	上海	中美联合银行	
1911	上海	中美轮船公司	150
1912	上海	康年人寿保险公司	100
	广东海丰	福裕盐田公司	
	广东钦廉	开垦公司	
	广东雷州	普生火犁农牧公司	
	香港、广州、汕头、大埔、上海、烟台、天津	房地产	

2

张振勋南洋主要实业名录

时间	地点	名称
1863	荷属巴达维亚	酒业商行
1865	荷属巴达维亚	烟土捐务公司
1866	荷属葛罗巴埠	裕和垦殖公司
1875	荷属苏门答腊	亚齐垦殖公司
1875	英属马来亚槟榔屿	土产公司
1878	荷属爪哇日里	笠旺垦殖公司
1878	荷属日里	日里银行
1886	英属马来亚槟榔屿	万裕兴轮船公司
1898	英属马来亚文东埠	东兴矿物公司
1898	荷属巴达维亚	裕昌远洋航运公司
1898	荷属苏门达腊亚齐	广福远洋航运公司
1912	英属马来亚槟榔屿	万裕兴垦殖公司
1912	英属马来亚槟榔屿	万裕兴总公司
1912	英属马来亚槟榔屿	万裕兴航运公司

3
张振勋大事年表

道光二十一年（1841 年）

十一月初九（12 月 21 日）出生于广东省大埔县西河镇黄堂乡车轮坪村。

咸丰八年（1858 年）

张振勋到印度尼西亚去谋生，"侨居北打威"。

同治二年（1863 年）

张振勋的父亲张兰轩辞世。张振勋仅寄回 50 银元给父亲送终。

同治五年（1866 年）

张振勋创办了裕和独资无限公司，开辟荒地，种植米谷、椰子。

同治十年（1871 年）

本年，张振勋"在葛罗巴与荷兰友人名拉辖者，于法国总领事处坐谈"。法国领事告诉张振勋：中国天津、烟台一带所植葡萄能够酿造优质葡萄酒。

光绪三年（1877 年）

张振勋把自己的经营范围扩展到北苏门答腊。他与张耀轩合作，创办了笠旺公司，种植椰子、橡胶、咖啡、茶树等农作物，共投资数百万元，雇用工人数千人，先后开辟像胶园七八所，地广千里，并试种华茶，购买新机器焙制。他还与张耀轩设立了日里银行。日里银行不但是他们资本经营的调节，且兼为华工传递家书，汇寄金钱回家，一年以万计，受到了侨民的支持和拥护。

光绪五年（1879 年）

广东试用道张鸿禄、候补知县温宗彦赴南洋一带考察航运，同时为轮船招商局招股。

光绪六年（1880 年）

张振勋响应张鸿禄等的招股，投资轮船招商局 3600 两。

在槟榔屿莲花河路修建新府邸——光禄第，占地 5000 多平方米。

光绪十五年（1889 年）

七月（8 月），两江总督曾国荃为新劝捐董事筹赈江皖赈务，特奏咨给奖，颁赠匾额十五面给各埠、各帮与各该人。其中，"槟榔屿华商张肇燮（即张振勋）：义昭推解"。上海道台龚照瑗致函新加坡领事左秉隆在南洋劝赈救灾，张振勋因捐资而得候选同知衔。

光绪十七年（1891 年）

六七月间，张振勋回香港、广东，东海关道、当时"专管赈捐"的盛宣怀电邀时任办理荷兰国山东赈捐委员、候选知府张振勋至烟台。其间，张振勋通过盛向李鸿章和总署反映了荷属华侨受虐的情况，希望在荷属殖民地设置领事以保护华侨，但遭总署否定，盛宣怀与李鸿章则与荷兰驻烟台领事进行了大量的交涉，希望荷兰葛罗巴总督能够"准予优持"华侨，特别是有"官职体面人"。张振勋还在与盛宣怀交往中开始考虑创办山东烟台张裕葡萄酿酒公司。

七月二十三日（8 月 27 日），总理各国事务衙门致电驻英公使薛福成："坡总领事已奏准黄（遵宪）充补，港领事暂缓。"九月三十日（11 月 1

日）黄抵新加坡，十月初九日（11月10日）接总领事任。

光绪十八年（1892年）

十二月十七日（1893年2月3日），英国正式公告允准清政府增设槟榔屿副领事（未设正领事）。

光绪十九年（1893年）

四月初九日（5月24日），张振勋正式就任驻槟榔屿副领事。

六月（7月），中国驻新加坡总领事黄遵宪劝募山西赈捐。林祥华（巴城张裕和号东主张振勋代理人）捐100元。

八月（9月），清廷颁布法令正式解除华侨海禁。

十月初四（11月11日）谕命原四川布政使龚照瑗赏侍郎衔以三品京堂候补，任驻英公使，兼驻法。

光绪二十年（1894年）

七月初三（8月3日），新任驻英公使龚照瑗到任。

十月中旬（12月），黄遵宪被张之洞以筹防需人为由调回国，张振勋以三品衔候选知府接署新加坡总领事，驻槟榔屿副领事则由张煜南接任（1894年7月–1898年5月）。

本年，张振勋延请酒师荷兰人雷德勿到烟台照西法试酿葡萄酒。

光绪二十一年（1895年）

季春，张振勋与张耀轩、谢荣光、张鸿南、郑嗣文和戴欣然6人，共捐献6.8万元在马来亚白鹤山建极乐寺，约占所有列名碑上284名善士所捐出总金额210030元的1/3。张振勋捐资最多，计35000元。

六月初八日（7月29日），谕命免龚照瑗兼驻法。

五月二十七日（6月19日），署直隶总督王文韶奏："现拟招商试办酿酒公司，以收利权，并请准其专利及暂免税厘。"下所司议。

八月初四日（9月22日），山东烟台张裕酿酒有限公司正式"奉旨开办"。

十二月（1897年1月），钦加三品衔花翎候选知府、代理新加坡兼辖海门等处总领事张振勋劝办直隶赈捐。

十月二十日（12月6日），清廷颁布谕旨："凡各省富商能集股在一千万两以上者，准其设立公司自行兴办。"

光绪二十二年（1896年）

六月十三日（7月23日），盛宣怀致王文韶、张之洞电："新加坡领事张振勋来电：伊愿来沪与宣面商铁路事件。已向龚使请假，尚未奉准，请代设法。张实为南洋华商巨擘，张来则从者必多。可否乞宪台电咨龚使，准即调回中国，面筹路事，愈速愈妙。"同日，张之洞将本电文内容告知盛宣怀，决定调张振勋回国商办芦汉铁路筹款事宜。

六月二十一日（7月31日），盛宣怀致直督王文韶电："张振勋可充一铁路总董，责成外埠招股。"

八月初四日（9月10日），张振勋在沪告诉盛宣怀："南洋各埠及粤、港华商，均以卢汉不愿入股，无法招徕；如准其带造广东铁路，粤人方愿入股。"

八月十五日，与黄遵宪同舟到天津，答应捐银五百元办《时务报》，"可先登报，银随后交。伊言南洋可派百余分，俟十月底回去再办，须自第一期起云。"但很可能未兑现。

八月二十九日（10月5日），清廷电寄出使英法意比国大臣："以随使期满，予候补知府张振勋以道员，尽先补用。"

九月十四（10月20日），上谕令盛宣怀在沪成立铁路总公司，督办芦汉铁路，并准其先举债修筑铁路，再陆续招股偿还。

九月二十六日（11月1日），张振勋偕黄遵宪之弟黄遵楷去见王文韶，这是他们的初次见面。

十月初八日（11月18日），盛宣怀电告王文韶、张之洞，清廷谕旨："著即责成盛宣怀选择股商，设立总董。"

十月十九日（11月23日），谕命罗丰禄赏二品顶戴、四品卿衔，任驻英大臣。罗于第二年三月十八日（1897年4月19日）正式到任。

十一月十六日（12月20日），张振勋在新加坡"谨拟设立（中国通商）银行条议开列呈电"。

十二月二十九日（1897年1月31日），李鸿章电寄仍在福州的罗丰禄："代理新加坡总领事张振勋，因商办铁路，电调回华。原议数月后回任，今据盛少卿函请，仍令张接办总领事，以便招集南洋各处商股，襄成铁路、银行大举，关系较重，未便另派，希酌办。"

本年槟榔屿义学堂进行校舍重建，计有105人和团体总共捐献1.2万元，其中张振勋捐1400元，为主要捐款人之一。

本年广西六郡大饥荒，张振勋捐赠500元。

本年春，张振勋改聘哇务到烟台为酒师。冬，到奥地利购葡萄秧14万株，第二年夏到烟台，约活3/10。

光绪二十三年（1897年）

正月初五日（2月6日），盛宣怀致电李鸿章："张振勋为招股第一要紧人，罗撤其领事恐失势。张颇得人心，罗如顾大局，似应暂用一年，再行更动。师正言之，罗岂不听？"同日，他又电寄总署："前蒙调回张振勋商办铁路，该道为各埠华商领袖，已派充银行、铁路总董。龚使电催，已饬回新加坡领事任。张在坡得力，乞电罗使赴英后暂缓更动，如易生手，招股有碍，交涉亦无益。"

三月二十日（4月21日），驻英公使罗丰禄电复李鸿章："坡领张（振勋）暂署察看，再请示。"

四月二十六日（5月22日），中国通商银行总行（Imperial Rank of China）在上海正式开张。张振勋共认2000股，共10万两，是私人股的最高者。

十二月二十五日（1898年1月17日），鄂督张之洞，直督王文韶与铁路总公司督办大臣盛宣怀三人会奏借款赶筑粤汉铁路，第二年正月初五日（1898年1月26日），清廷颁布上谕正式批准了汉铁路的开筑，并归盛宣怀督办的芦汉公司统一管理和承办。

光绪二十四年（1898年）

正月十九日（2月20日），盛宣怀在上海主持修订拟就中国通商银行章程，章程共二十二条。附银行总董十人名单，张振勋排第一。

三月二十四日（4月14日），伍廷芳与美国合兴公司在华盛顿签订《粤汉铁路借款草合同》。

四月二十二日（6月11日），光绪帝下诏"明定国是"，开始维新变法。

五月，王文韶将张振勋在烟台创办张裕葡萄酿酒公司的情况上奏清廷。

清廷谕令："据王文韶面奏，粤东商人张振勋在烟台创兴酒公司，采购洋种葡萄栽植颇广。数年之后当可坐收其利……著荣禄饬令该员吴懋鼎、张振勋等，即行照案举办，但使制造日精，销路畅旺，自可以暗塞漏卮，务令该员等各照认办事宜切实筹办，以收成效，仍将如何办理情形由荣禄随时奏报，将此谕令知之。寻，荣禄奏尊查酿酒、织绒筹办大概情形，报闻。"

六月十五日（8月12日），盛宣怀致函张振勋，分析了投资粤汉铁路"有四大利"。

六七月间，盛宣怀选委张振勋"到粤商榷一切"，即由张振勋主持粤汉铁路广东段的工作，即担任粤路总办。

八月初五日（9月25日），盛宣怀致粤督谭钟麟信：据张道振勋禀：省河堤岸"为铁路必经之地"，必应由铁路公司承筑。第二日（26日），他又致总署信：请求电粤帅驳止山美意两国领事请筑或使华人出名禀请承筑。

本年，张振勋在荷属恰里创办裕兴公司，种植胡椒；在英属文东创办东兴公司，开辟商场，开采锡矿。

光绪二十五年（1899年）

七月十七日（7月22日），张振勋由上海乘法邮径赴新加坡，二十七日抵岸。第二日，在新加坡致函盛宣怀，主要是讨论"总行议换用粤大班"之事。

十二月，"署两广总督李鸿章奏：粤东交涉事繁，请调道员张振勋、陈日翔、袁大化，知府洪超，知州徐赓陆差遣。报可"。

光绪二十六年（1900年）

六月十七日（7月13日），《粤汉铁路借款续约》签订。

闰八月初三（1900年9月26日），清廷下旨任陶模为粤督。

十二月初十日（1901年1月29日），清廷颁布变法上谕，强调："法令不更，痼疾不破，欲求振作，须议更张。"

本年印度发生大饥荒，张振勋捐款1000元。

光绪二十七年（1901 年）

七月二十八日（8 月 30 日），陶模致电盛宣怀："粤人、洋人求筑堤岸者多，请饬张道（振勋）速来。"同日，盛致电陶模："张道昨赴烟台，中秋来粤，堤岸务求稍待，免滋后累。"

七月（8 月），李鸿章派直隶阳春府施太守为委员赴南洋劝捐"直隶赈捐"，另札委道员卢某及张振勋劝办。

九月二十七日（11 月 7 日），李鸿章去世，袁世凯继任直隶总督。

十一月初五日（12 月 15 日），盛宣怀寄粤督陶模电，告知张振勋、洋总工司李治将赍图赴粤，请做好粤汉铁路修建的准备工作。

十一月二十日（12 月 30 日），张振勋致函美德伦，要他告知中国通商银行香港分行的拉打，港行华大班换人之事暂缓。

十二月十二日（1902 年 1 月 21 日），张振勋致盛宣怀信表达粤路筹备工作艰难："黄沙事头绪纷繁，非事权专一，地方官宪维持，断难为力。现美公司叠电催促，而中国官场积习又无少改。勋材疏任重，深惧丛愆，务恳宪台别有以教勋也。"

本年，清政府委任张振勋为河南南郑工赈捐督办。

本年，张振勋与地方人士在广东惠州平海创办平海玻璃厂。

光绪二十八年（1902 年）

九月初九日（10 月 10 日），前两广总督陶模卒，予谥"勤肃"，赠太子少保衔。

十月初五日（11 月 4 日），政务处大臣奕劻等奏请特设商部，从之。

十一月二十一日（12 月 20 日），慈禧谕："侍郎戴鸿慈片奏保荐之候选道张振勋，著吏部带领引见。"

光绪二十九年（1903 年）

二月二十三日（3 月 21 日），清廷谕内阁：责成沿海各省督抚严饬地方官切实保护华侨。

二月二十六日（3 月 24 日），"谕内阁：路矿总局奏筹办学堂，并道员张振勋报效经费银二十万两，请旨破格奖励各折片。候选道张振勋久历外洋，熟悉商情，兹因开办路矿学堂，报效巨款，洵属好义急公，深堪嘉尚。张振勋前经戴鸿慈保奏，已谕令送部引见，著即迅速来京，预备召见，候旨施恩。"清廷正式召见张振勋。

三月二十五日（4 月 22 日），清廷颁发谕旨："兹据政务处议覆载振奏请设商部，业经降旨允准。兹著派载振、袁世凯、伍廷芳先订商律，作为则例。俟商律编成奏定后，即行特简大员开办商部。"

三月，张振勋北上觐见西太后和光绪皇帝，从此离开粤汉铁路广东总办一职。

四月二十六日（5 月 22 日），湖南巡抚赵尔巽致电外务部，反映美国人背约将粤汉铁路股票售与比利时人的情况，粤汉铁路废约开始。

四月三十日（5 月 26 日）早，张振勋致同在北京的盛宣怀函，告以粤汉铁路从石围塘至佛山三水段购地事已办妥，并说："勋于今日十点钟须赴颐和园，明日下午方回。"同函附二十七日郑观应来电，请其同意郑观应兼任代理左江道等职。

闰五月初九日（7 月 3 日），又谕："候补三品京堂张振勋奏条陈商务事宜缮单呈览一折，著载振、伍廷芳妥议具奏。该京堂所陈，大意在农工商三者并重，其条议中有可见诸施行者，有宜量为变通者，有目前未能遽行，徐俟扩充者，亦有仿外洋成法，而于中国体制，窒碍难行者，谨按原奏分别妥议，拟请先行特简大员，开办商部，俾应办之事，可以次第举行，从之。"清廷采纳了张振勋《商务条议》十二条和唐文治代载振拟就的《议复张振勋条陈商务折》等先设商部再编商律等的主张。

五月十八日（6月13日），以筹劝桂赈，捐借巨款，予粤绅候选道张振勋等例奖，并给匾建坊有差。（电寄）召见道员张振勋得旨，著以三品京堂候补，并赏加侍郎衔。俟设立商部后，交商部大臣差遣委用。

六月初一日（7月24日），外务部给盛宣怀兼致伍廷芳电："拟即先请拣派大员开办商部，庶应办诸事可以次第举行。至商律，拟俟商部设立后，督饬部员随事考究一二年后再行编订，庶无扞格难行之弊。"

七月十六日（9月7日），清廷颁谕："现在振兴商务，应行设立商部衙门。商部尚书著载振补授，伍廷芳著补授商部左侍郎，陈璧著补授商部右侍郎。所有一切事宜，著该部尚书等妥协具奏。"商部正式成立。

八月初六日（9月26日）谕，"现在设立商部，所有路矿事务，应归并商部，以专责成。路矿总局著即裁撤。"

八月，商部奏请谕令各省督抚配合商部各项经济措施。于是，清廷颁布上谕："著各省将军督抚，于商部议设各项公司，会同筹画，悉心经理，并饬该管道府州县，随时认真保护。"

十月十四日（12月2日），奏定《重订铁路简明章程》二十四条。

十月二十四日（12月12日），"谕军机大臣等。商部奏：粤绅承办潮汕铁路请予立案，并饬保护一折……著岑春煊、张人骏饬令该处（指潮汕）地方官，出示晓谕居民，俾知为兴商便民之举。所有该绅办理勘路、购路、运料、兴工一切事宜，妥为照料，毋得稍存膜视。"

光绪三十年（1904 年）

二月初二日（3 月 18 日），谕："军机大臣等，太仆寺少卿张振勋，前经请假回南，现在整顿商务，著商部传知即行来京。"因奉召来京，张振勋于本年八月十九日赴闽。

三月，张振勋请假回到槟榔屿与代理副领事梁廷芳（1903 年 1 月至 1906 年 12 月在任）熟筹创办学校，暂借平章会馆为校舍，张振勋认创捐银 5000 元，长捐 500 元。这是南洋各埠议办学堂之始举。

四月十九日（6 月 2 日），盛宣怀致电外务部、户部："惟有请外务部速电湘绅公举贤员来沪会同商办，并由湘省或户部速筹巨资以备偿还美国垫款。"

八月二十七日（10 月 6 日），盛宣怀致外务部电，赞成"以美接美"主张。

九月上旬，粤省绅商决议争回粤汉铁路主权，公举张振勋与邓华熙驻沪，与盛宣怀协商废约。

九月十三日（10 月 21 日），张振勋咨呈商部请奏派大员办理福建、广东农工路矿，商部认为张振勋"所陈不为无见"并推荐他出任商部的"考察外埠商务大臣兼督办闽广农工路矿事宜"。

九月十八日（10 月 26 日），清廷"以太仆寺少卿候补三品京堂张振勋为太仆寺卿，并充商部考察外埠商务大臣，督办闽广农工路矿事宜"。

九月二十六日（11 月 3 日），张振勋拟设美澳南洋航路轮船公司。

十月十二日（11 月 18 日），张振勋为槟榔屿中华学校"请赏给匾额，并石印图书集成"。

十月十二日（11 月 18 日），清政府批准了张振勋在广东设立农工路矿总公司并先行立案。张振勋奉命考查外埠商务,自抵粤后,在省城靖海门外设立总公司,并在公司内设立接待处,延见商人,以通达商情,并晓谕:凡绅商有应行事宜,均可前来接晤,无论面诉缮禀,悉听其便,不拘礼貌,不尚虚文,以期官商互相联络。

十一月初三日(12月9日),清廷命鄂督张之洞办理粤汉铁路废约事。

十一月二十三日(12月29日),刑部主事梁广照因粤汉铁路事,劾刑部侍郎伍廷芳、督办芦汉铁路大臣盛宣怀。

十一月二十七日(1905年1月2日),张振勋咨请商部代奏准设立闽广农工路矿总局。

本年,张振勋叩请光绪帝和慈禧太后分别为极乐寺题写匾额,御赐龙藏经全套和法衣等物,请领龙藏经。

光绪三十一年(1905年)

年初,张振勋议联合外埠华商,在黄埔敷设航业公司。

二月(3月),张振勋派员带同洋工程师履勘广厦铁路,认真做好准备工作。

五月初十日(6月12日),张之洞对粤督岑春煊和粤抚张人骏说:"争废约之初,粤绅公电纷来,义形于色,此时何以寂然并不过问?如张侍郎振勋、张京卿煜南,皆擅雄资,宜尽义务,似不便听其恝置。"

七月初八日(8月8日),粤督岑春煊电奏:"粤汉铁路争回自办……拟请特派太仆寺卿张振勋,出洋集款,广召内外华商,不令暗杂洋股。"清廷前令:"著会商张之洞妥筹办理。"为此,岑督往拜张振勋。张坚辞不得,乃答应:"候赴南洋招股后,看情形如何,乃能应命云。"

七月十三日(8月13日),鄂督张之洞致军机处电:"至粤督请派张振勋出洋招股一事，容商妥另奏"。

七月十四日（8月14日），外务部照会葡萄牙署使阿梅达，广澳铁路华董已集股200万元，请饬葡董按照合同办法，速即会同开办。

七月十六日（8月16日），清廷从商部奏，厦门、广州设立商务总会。

七月二十五日（8月25日），商部接到了张振勋修筑广厦铁路的正式报告。

七月，张振勋咨呈商部："钦奉简命考察外埠商务兼办闽广农工路矿事宜，业在广州省城设立总公司，咨明在案。"

十月二十一日（11月17日），清廷以督办铁路总公司大臣盛宣怀办理沪宁铁路不善，著改派候补三品京堂唐绍仪妥筹办理。

十一月十一日（12月7日）商部清广反路立案：张振勋一面迅速招商集款，一面迅将勘路收税各节与岑春煊咨商，仍随时咨报臣部核定，以期妥治。

十二月初一日（12月26日），张振勋倡捐新加坡商务总会洋银3000元，又捐兴办学堂银2万元。

光绪三十一年冬，商部考察外埠商务大臣张振勋、郎中时宝璋同来槟榔屿考察商务。经张振勋切实劝谕和首捐商会经费，新加坡中华商务总会、槟榔屿中华商务总会正式设立。

光绪三十二年（1906年）

二月十日（3月10日），张振勋拜谒粤督岑春煊，因筹商广埔铁路办法并及粤汉铁路事，其大致皆商办种种问题，岑督屡以商股果否可靠，并筹还金元小票等为言，且托张担任路事。张亦注重商办，力言商股易集，粤督颇然其说。

三四月间，广厦铁路测勘竣事。

四月初一日（4月24日），商办广东粤汉铁路有限公司正式成立。郑观应、黄诏平被分别推举为总理、协理

四月十九日（5月12日），外务部收英署使嘉乃绩照会，粤拟筑广州至黄埔铁路，与广九路草约相违，希派员与银公司代表濮兰德速议广九路正约，并商议苏杭甬路正合同。

七月（8月），广厦铁路工程正式启动。接着，公司公布了广埔铁路的招股办法。

七月二十四日（9月12日），清廷以粤督岑春煊调补云贵总督，以两江总督周馥调补两广总督。

七、八月间，"粤路股东林鹤琴等联名具禀督院代奏请张弼士兼办粤路"，并被粤督岑春煊采纳。

九月十二日（10月29日），周馥交卸两江总督印

九月二十日（11月6日），太仆寺被并入陆军部而被裁撤，张振勋成为清朝最后一任太仆寺卿。

九月二十五日（11月11日），粤督周馥乘招商局安平轮船抵港，二十六日（12日）抵广州。

十月上旬开始，在商部赶速开工的催促下，张振勋派出工程师并委员共40余人前往惠潮一带测绘，至十二月初四日由黄冈勘毕返汕，广厦铁路全线勘测完毕。

十月二十日（12月5日），张振勋就商人谭世廉"创办灰沙白砖，恳以建厂行车之日起，专利十年期限，并许将英德县之蓝石任便拣取烧灰，一并准予立案"等情况咨报粤督周馥，周馥则明确回复："商人请办工矿

等事，先呈地方官查明地势，有无违碍，商人是否殷实，然后遵照部章领照。至专利年限……不肯轻准。"

十二月初三日（1907 年 1 月 16 日），粤汉铁路公司董事朱南洲等电禀商、邮两部请开正式会，选举公司总副办。

十二月十三日（1907 年 1 月 26 日），有人奏，广东铁路股本经理非人，弊端甚多，应请查办。清廷据此著两广总督周馥按照所参各节，确切查明，认真究办。下度支部知之。

本年，署两广总督岑春煊于广州设立广东省城自来水公司，官拨资金银 60 万两，并由沪商招集银 60 万两。

光绪三十三年（1907 年）

正月初六日（2 月 18 日），粤督周馥在署内之洋花厅设筵宴会，英、法、美、日、德和各国领事及梅教士、税务司、美国船主等共 17 位，并藩学臬运各司。张振勋及十余粤省官员参与。同日，广州商务总会会董暨七十二行商等公同举定张振勋接左宗蕃任总理。到者共四十余人，张得二十六筹。

正月二十三日（3 月 7 日），邮传部左侍郎兼署外务部右侍郎唐绍仪等与中英公司代表人于北京签订《广九铁路借款合同》。

二月十七日（3 月 30 日），粤督周馥奉电旨："唐绍仪现有要差，不能赴粤，该省铁路事宜著该督另行筹商、奏明办理。"

三月十三日（4 月 25 日），清政府电传谕旨："周（馥）电奏请派伍廷芳、张振勋权理粤汉铁路公司事宜等语，著照所请。"批了粤督周馥奏派伍廷芳、张振勋权理粤路事宜。同日，粤督周馥在调解路股东冲突时正式宣布此任命。

三月十三日（4月25日），张振勋致函农工商部：停筑广厦铁路，改筑惠潮铁路。四月廿五日（6月5日），农工商部咨请粤督周馥核办。

三月十四日（4月26日），潮汕铁路总办张煜南、刑部右传郎伍廷芳、矿务大臣张振勋因公均赴督辕拜会周馥。

三月下旬，因"近阅报章有谓众望不孚，有谓不愿承认"，张振勋咨呈粤督周馥："请烦据情电奏，恳乞收回成命，另简素孚众望之员权理其事。"

四月初九日（5月20日），谢诗屏、谢绩泰往万信和拜谒督办闽广农工路矿大臣张振勋，商议广澳铁路废约事，张力任电致北京政府详查核办。

四月间，《广州总商会报》刊登粤路各埠股东林鹤琴、符丽生等推举张振勋为粤路总理的通告。

六月初二日（7月11日），粤路公司正式选举会召开，选举结果是：张振勋三十二万六千九百股（共一百五十五票）排名第五。罗葆臣和黄诏平被举为总、副办，但都未上任，后由排名第三的梁震东为总办。

七月十八日（8月26日），张振勋与澳督开废约交涉。

十一月十八日（12月22日），张振勋、谢绩泰等在万信和会议废约等事。

本年，侨商张振勋等于广东惠州设立福惠玻璃厂，资本40万元。广东裕益机器制造各式灰沙砖有限公司于佛山设立，资本32万元。张振勋与道员陈崇迈于广州设立普生农牧公司，资本100万元。

光绪三十四年（1908年）

二月初七日（3月9日），以盛宣怀补授邮传部右侍郎。

五月，惠潮铁路被撤销。

六月初一（6月29日），张振勋由南洋附搭英国公司船到港。即日始便与谢诗屏等商议铁路事。

七月廿二日（8月18号），新任澳门总督罗沙达到任。廿六日（22日），张振勋会同谢诗屏、沈道生等往澳。第二日，他们往谒新任澳督罗沙达，磋商废约事，甚为得手。

十月初二日（10月26日），督办广农工路矿大臣张振勋咨外务部：广澳铁路现注销葡商合同，改由华商自办，拟订章程，请奏明立案。

十月初四日（10月28日），邮传部便致外务部咨呈，批评张振勋未经批准便与"澳督商定条款六则，并拟定该路起讫界限"，并请"知照张大臣遵照，勿得擅行交涉，致有歧异"。

十月至十一月间，张振勋拟建造之淡水铁路，聘用美国工程师卫林士、日本工程师小松前往测探，并请地方文武官员随时保护。

十一月二十五日（12月18日），两江总督端方奏准筹办南洋第一次劝业会。

本年，于大埔县西河镇建光禄第，这是典型的大型客家围龙屋，建筑面积约4180平方米，占地面积约十亩，加上花园、码头等附属建筑，总占地近千亩。三堂四横一围，共有18个厅、13个天井、99个房间。院门前有清政府御赐"乐善好施""急公好义"牌坊，正门上的"光禄第"匾额为李鸿章手书。

宣统元年（1909年）

正月，粤督张人骏着手成立广东咨议局筹备处，张振勋被延聘为筹备处的"议绅"。

二月初七日（3月28日），清廷颁布以血统主义为原则的《国籍条例》，这是中国第一部国籍法。

六月（8月），广州总商会筹议组织出品协会，决定设立事务所以为办事机关，各商董以张振勋"曾赴欧美各国，亲与赛会，前在商会即有担认集股五十万元办理期会之议"而推举他为总理。

本年，张振勋与广东劝业公所伍申三等投资 50 万银两，创办广东集大公司出品协会，经营出口贸易。

宣统二年（1910 年）

二月二十八日（4月7日），邮传部奏撤销惠潮铁路。

四月二十八日（6月5日），南洋劝业会于南京开幕。劝业会至十月结束。

九月二十三日（10月25日），上海设立中美商业联合研究会，郑观应接受广州总商会委托"就近莅会"。

十月（11月），中美商团在上海开会，时任中华全国商会联合会会长和南洋劝业会广东出品协会总理的张振勋为中国商团议长，美国商团议长为穆尔。十月初十日（11月11日），美方提出了五项贸易提案：一是开办中美轮船股份有限公司承担远洋运输业务；二是在中国设立"中美联合银行"；三是在两国分别设立"品物陈列所"；四是双方"互派商务调查员"；五是"额外会议优待普通商进口之办法"。

十二月，张振勋出任广东总商会总理。

宣统三年（1911 年）

四月十一日（5月9日），清廷宣布铁路干路国有，将商办粤汉、川汉铁路收归国有。

四月，张振勋与上海周金箴、沈仲礼等发起筹办中美轮船股份有限公司，资本 60 万元，两国商人各占其半。张振勋等被公举与美国航运业团共订中美轮船公司招股简章。张振勋且愿回粤赴南洋招股，担任银行股 10 万元。截止到宣统三年（1911 年），张振勋所认股数及所占股份为 10 余万元。

闰六月初八日（8 月 2 日），槟榔屿各界绅商齐集平章公馆，讨论在槟榔屿设立孔庙及解决中华学校的经费短缺问题。张振勋提议："列翁有意设立孔庙，是应办之善举。且俾少年等得知孔圣道理，尤我等应当之义务。若欲设孔庙，以子之见，将现今学校前面暂作孔庙，后面作学校。"他指出，中华学校至今不敷款数约 8 万余元，是由他自己筹垫。与会者最后决定：为省费和方便开班讲授孔圣道理，孔庙及学堂合办。

民国元年（1912 年）

1 月 27 日（宣统三年十二月九日），华侨联合会在上海成立，这是国内第一个侨界群众组织，其宗旨为"联合国外华侨共同一致协助祖国政治、经济、外交之活动"，张振勋曾任该会名誉会长。

3 月，张振勋与熊希龄等人在上海发起创办康年人寿保险公司。

8 月 20 日（七月八日），孙中山应袁世凯之邀北上。21 日，途次烟台并出席旅烟广帮绅商之欢迎会，至张裕公司茗谈 1 小时。欢迎会上，南京临时政府外交次长魏宸组代表孙中山发表演讲，对张氏创办张裕酿酒公司给予了高度评价："为今之计，欲商业兴旺，必从制造业下手，如本埠张裕公司……其工业不亚于法国之大厂。张君以一人之力，而能成此大业，所谓中国制造业之进步。"孙中山品尝张裕葡萄酒后题赠"品重醴泉"四字。

9 月，张振勋侄、张裕公司总经理张成卿因酒会上鸡骨哽喉，抢救无效而去世，年仅 40 岁。

12 月 15 日（十一月初七），张振勋奉临时大总统袁世凯电召入京，被聘为总统府顾问，任命考察南洋商务，以联合侨商筹办内地开埠事宜。被工商部聘为高级顾问。

本年，张裕公司始在烟台、香港两地制备酒瓶，预计到明春则红白诸色之酒可以装瓶贮桶。经工商部批准专利十五年，免税二年。

本年，康有为参观张裕公司后，写下了赞美的诗句："浅饮张裕葡萄酒，移植丰台芍药花；更复法华写新句，欣于所遇即为家。"

民国三年（1914 年）

1 月，袁世凯特设约法会议。

2 月 18 日（一月廿四日），山东烟台张裕酿酒有限责任公司注册，资本：200 万元；营业种类：酿制葡萄酒。

3 月，全国商会联合会选举张振勋为约法会议议员。

5 月 26 日（五月初二），袁世凯特任张振勋为参政院参政（未到任）。

11 月（九至十一月），经农商部推荐，再任广东省总商会总理

民国四年（1915 年）

2 月 20 日上午 8 时，"庆祝巴拿马运河开航太平洋万国博览会"（后人简称"巴拿马赛会"）正式开幕，有 31 个国家参加。中国获奖牌总数 1200 余枚，其中大奖章 64 枚，为各国获奖之冠。张裕公司出品的"可雅白兰地"荣获金质奖章，"琼瑶浆""解百纳"获最优奖。12 月 4 日闭会。

应美国商会邀请，中国组建中华游美实业团，由张振勋任团长。4 月 9 日（二月二十五日），代表团一行 17 人从上海乘船出发，5 月 3 日（三月二十日）抵达旧金山。次日，实业团全体成员参观巴拿马博览会。代表团

在旧金山停留一周。9日（二十六日）起，实业团到华盛顿、纽约、芝加哥等地考察，受到美国总统威尔逊的接见和美国及华侨实业家的热烈欢迎。代表团由旧金山启程沿海南行，环美国国境而东，再沿北境西行。5月27日，代表团到达华盛顿，受到了美国国务卿与其他显要们的款待。6月3日，张振勋在 Astor 宾馆的午宴中发表了讲话，有1200多名组约工商界重要人士参加。他说：为了更好地发展商贸关系，有必要扩展金融机构和新的航线6月6日，《组约时报》头版头条透露了张振勋与华尔街将设立中美银行的信息，创办资本共1000万上海银元，中美工业家各出一半资金。6月30日（五月十八日）又回到旧金山，环游美国一周，行程11740英里，经过奥克兰、芝加哥、底特律等26个城市，参观工厂243个，出席各类宴会43次，历时50天。双方达成了三个具体合作协议：一、以1000万美元至2500万美元的资金设美中银行；二、开辟经巴拿马运河从纽约至中国各港口的直通航线，合办中美航业公司；三、在纽约设中国制丝销售机构。还共同讨论了组建中美商业联合会的问题。7月16日（六月初日），张振勋率实业团回国。张振勋在美期间发表了《中美商业联合会之不容或缓》的演讲。

4月，张振勋被袁世凯选定为参议院参政，并被授予二等嘉禾勋章。

10月5日（八月二七日），张振勋与美商合设之中华懋业银行成立。

11月28日（十月二十二日），张振勋自南洋回香港。对郑观应为他所筹备的中美银行招得股份表示感谢，并致郑函，邀请他到香港，说"有要事奉商，请驾来港面罄"。12月6日，张振勋在香港再次致书留居广州的郑观应："尊驾无事，请即来港一商。"

11月，全国商会联合会在上海举行临时大会，讨论修改商会法及组织中美银行、中美商品陈列所等问题。会后，张振勋在北京设中美银行事务所，在上海、汉口等地设中美商品陈列所，并往返沪、宁等地从事中美银行招股活动。

本年，被港英当局授予法学博士荣衔。内务部转请袁世凯奖给张振勋"急功好义"匾额，以昭劝励。

民国五年（1916 年）

1 月 2 日（十一月二十七日），经农商部向袁世凯帝制政府奏请奖励游美实业团出力人员，"团长张振勋著给匾额一方"。

9 月 12 日（八月十五日），张振勋在印度尼西亚巴城寓邸设宴招待中外宾客，宴会中突发心肌梗塞，病逝于巴城荷兰皇家医院。按其遗愿，移柩返原籍大埔安葬。翌年 5 月，民国政府总统黎元洪特派广东省省长朱庆澜专程前往大埔为张振勋致祭。朱庆澜的挽联是："念粤中实业萧条，惜彼苍不留此老！比汉代输边踊跃，问当世更有何人？"

参考文献

1. 韩信夫、杨德昌:《张弼士研究史料》,社会科学文献出版社,2009 年。

2. 徐松荣:《张弼士》,广东人民出版社,2011 年。

3. 魏明枢:《张振勋与晚清铁路》,华南理工大学出版社,2009 年。

4. 无锡市历史学会张弼士研究工作室编印:《张弼士通讯》第一辑。

5. 房学嘉、周云水、冷剑波:《张弼士为商之道研究》,华南理工大学出版社,2012 年。

6. 郑观应:《张弼士君生平事略》,载沈云龙:《近代中国史料丛刊》第 75 辑,文海出版社,1974 年。

7. 李松庵:《华侨实业家张弼士史料》,载广东省广州市文史资料研究委员会:《广州文史资料选辑》第 10 期,广东人民出版社,1962 年。

8. 魏明枢:《张振勋与晚清政府的早期交往》,五邑大学学报(社会科学版)2012 年 11 月。

9. 韩信夫:《鞠躬尽瘁死而后已——1915 年张弼士率实业团访美的历史考察》,载《北京"文化梅州"论文集》,2005 年。

10. 陈丹心:《张弼士:清末民初的华侨领袖》,《京华埔人》,2005 年。

11. 王志发:《华侨实业家张弼士生平与思想研究》,广州大学硕士学位论文,2005 年。

12. 史全生：《民国商魂——一代创富者的智慧与情怀》，凤凰出版社，2018 年。

13. 中国社科院：《中华民国吏资料丛稿之一民国人物传》。

14. 《广东省志》，方志出版社，2000 年。

15. 《梅州市志》，广东人民出版社，1999 年。

16. 《大埔县志》，广东人民出版社，1992 年。

17. 温仲和：《嘉应州志》，成文出版社，1968 年。

18. 薛福成：《出使公牍》，朝华出版社，2018 年。

19. 盛怀宣：《愚斋存稿》，载沈云龙：《近代中国史料丛刊续编》，文海出版社，1975 年。

20. 中国第一历史档案馆：《清代中国与东南亚各国关系档案史料汇编》，国际文化出版社，1998 年。

21. 袁英光、胡逢祥：《王文韶日记》，中华书局，1989 年。

22. 李国祈：《中国早期的铁路经营》，中央研究院近代史研究所，1976 年。

23. 陈旭麓：《汉冶萍公司——盛宣怀档案资料选辑之四》，上海人民出版社，1984 年。

24. 粤汉铁路局：《粤汉铁路》，行政院新闻局，1947 年。

25. 夏东元：《盛怀宣年谱》，上海交通大学出版社，2004 年。

26. 梁庆桂：《倡办铁路启》，载许衍董：《广东文征续编》，1987 年。

27. 顾廷龙、叶亚廉：《李鸿章全集》，上海人民出版社，1986 年。

28. 朱寿朋：《光绪朝东华录》，中华书局，1958 年。

29. 饶宗颐：《潮州志》，潮州市地方志办公室编印，2005 年。

30. 王亮：《清季外交史料》，书目文献出版社，1987 年。

31. 广东省中山市档案局、中国第一历史档案馆:《香山明清档案辑录》,上海古籍出版社,2006 年。

31. 章开沅、刘望陵、叶万忠:《苏州商会档案丛编》,华中师范大学出版社,1991 年。

32. 陈民:《民国华侨名人传略》,中国华侨出版公司,1991 年。

33. 莫高义、张东明:《发现侨乡 广东侨乡文化调查之三》,广东人民出版社,2015 年。

34. 刘士木:《张耀轩博士拓殖南洋卅年纪念录》,商务印书馆,1920 年。

35. 韩小林、魏明枢、冯君、范蕾蕾、曾繁花、孙涌:《粤东客家群体与近代中国》,广东人民出版社,2014 年。

《侨界杰出人物故事丛书》
已出版书目

1. 《陈嘉庚的故事》，李宬逊、陈晨编著，北京：中国华侨出版社，2020年1月

2. 《钱学森的故事》，隋倩编著，北京：中国华侨出版社，2020年3月

3. 《李林的故事》，王宝国著，北京：中国华侨出版社，2020年3月

4. 《李四光的故事》，马晓荣编著，北京：中国华侨出版社，2020年4月

5. 《钱伟长的故事》，王海燕编著，北京：中国华侨出版社，2020年4月

6. 《司徒美堂的故事》，李丹、宋旭民编著，北京：中国华侨出版社，2020年4月

7. 《竺可桢的故事》，张敏编著，北京：中国华侨出版社，2020年4月

8. 《何香凝的故事》，刘松弢编著，北京：中国华侨出版社，2020年8月

9. 《邓稼先的故事》，隋倩编著，北京：中国华侨出版社，2022年3月